U0032088

圖解

讀書，不要用蠻力

著◉莊司雅彥 譯◉林文娟

圖解

讀書，不要用蠻力 ◎目次

第2章 徹底活用記憶篇

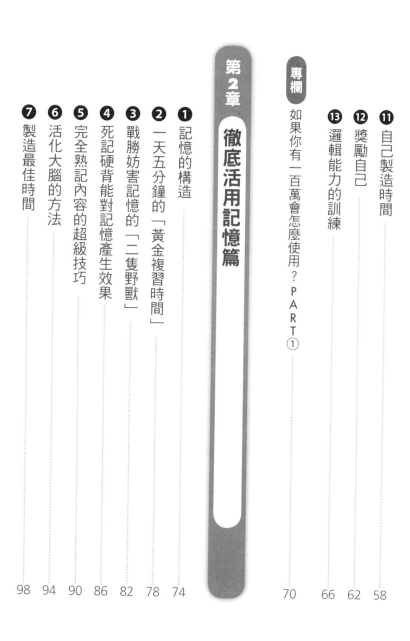

第3章 實踐意見篇

卷頭專訪◉莊司雅彥的超水準學習法

在歷經大學生活、公司職員後，終於成功當上律師

我在東京大學法學部畢業後曾經到金融機關上班，之後才取得律師資格。但是當我還在就讀東大法學部時，卻沒有接受過任何一次司法考試。那是因為我看了當時的司法考試經驗談，其中不乏「某年某月某日，某位帶著極大幸運的人誕生，而那個人就是我」之類，述說自己不斷努力十年、二十年，才金榜題名的內容。

我並不是那種想開心過生活才選擇讀大學的人，在大學那段時間我經常都是睡到中午過後才起床……過著糜爛的生活，對照我現在的生活來說或許是很難想像的情景。

畢業後我也沒抱持任何特別的想法，就這樣直接進入一般企業工作。

後來我之所以想要成為律師，是因為在一般企業工作能得到穩定的薪水，卻很少有

展現自我的機會，要向上爬到某個位置才能實現自我想法。

這樣的話，靠自己的力量展現自我，也許是個不錯的自我實現方式，就算沒有能力創設一家國際級公司，至少能以自己的力量來思考自我損益，從事能開創自我人生的工作。但是成為律師之後若沒辦法吸引顧客上門，就算是白費精神，因為有很多律師其實所得比一般職員來得低。而我成為律師後，一直在提高效率這方面下工夫，為了提昇自我能力，積極嘗試各種有力的輔助工具，磨練自己追根究柢的能力和技巧，而這樣的努力當然和我能達到年收入七千萬日圓的結果有所關連。

我的「超級讀書法」除了我，也適用於其他人

本書所介紹的「超級讀書法」是前後歷經三十年時間才確立的「最強讀書準則」之集大成。而且我也因為創立出屬於自己的讀書方式，讓我的人生過得更加多采多姿。我之所以能在脫離上班族身分後，二年內通過司法考試，也是因為此讀書方式所得到的極大效果。

我把「超級讀書法所展現的成果」，藉由身旁一些人的親身體驗，統整在十四頁，

如果能讓各位讀者瞭解到本書介紹的讀書方法「不僅適用於莊司雅彥，就連他的司法家教學生和獨生女也得到了一定的效果」這一點，那就再好不過了。

學習「超級讀書法」的第一步

「超級讀書法」是從閱讀他人取得資格等相關考試的成功經驗談開始，因為不需要接受考試的讀書方式無法持久，所以就算和未來職業沒有直接關連的資格考試、想著之後有空再學習的相關資格考試，都請一定要去報名。

然後去購買考試日期前，三年內的考試合格經驗談書籍，根據不同出版社選擇二至三種。再從內容當中找出在短時間內考上的例子，集結成一大篇文章。

這其中當然會有不適合自己的部分，所以再進一步截取適合自己的內容。

決定好要取得某項資格的目標後，就要思考有關補習等部分。挑選補習課程，最好方式是要決定自己最能夠瞭解的課程講解方式。如果選擇了不合自己頻率的課程，絕對沒辦法長時間持續下去。所以當你試聽課程後做了決定，就請你一定要持續聽課到最後，而這個過程潛藏著一度懶惰不去上課的陷阱，這麼一來，之後聽不懂上課內容的次數就會不斷增加，最後演變成不得不放棄的情形。

在「基礎書」上加工，打造屬於自己的參考書

接著就是選擇「基礎書」，整理記錄下問題解說或資料等在這本書上。將「看起來類似但有些許差異」的題目一起記憶是個危險的做法；理解題目間的相異處後再來記憶，把所有資訊都給濃縮下來才是個好的學習方式。

我的做法是在上課前快速地將基礎書看過一遍，等到課程進行到最重要的部分才開始做筆記，上完課後會將所有的資訊集中記錄在基礎書上，然後進行二階段標示法。也就是刪除參考書上不要的內容（＝不需要的部分），只要讀上色的部分，讓自己產生已經做好考試準備的想法。

在課程結束之後，就會完成一本「經過加工，確實寫滿重點且集結各種資訊的完整基礎書」。這就是讓我們通過考試難關，幫助自己達到合格標準的最佳寶典。

就時間方面來說，關鍵還是在於自己如何儘快分辨出重要和不重要事情之間的差別，然後規劃出讀書計畫表。只要專心研讀重點部分，不管遇到任何考試，應該都能輕

鬆應試；由於大家都不擅長特殊的考試題型，就算埋頭鑽研這一類題目，只要考試不出現這樣的類型，之前的努力就一點意義也沒有。

本書內容想介紹的是「普遍的核心知識」

所謂的讀書方法，特別是介紹「社會人士讀書法」的書籍，分為兩大類。

一種是「閱讀書報」、「打造自己的書房」以及「利用通勤時間」……把重點放在日常生活的習慣、姿態、態度上，但這樣的書籍並未具體介紹如何準備資格考試以及其他測驗的方法。

另一種是針對特定考試及入學考的攻略，或是某人的親身體驗，對其他方面的讀書方法卻沒有多所著墨。

當然也有居於這二者之間的書籍，但只要看了作者的經歷，就可以大概猜出此書的重點及程度範圍。一般來說，顧問等人的著書大多為前者，而學校、補教界教師則多為後者。

通常內容偏向前者的書籍中，雖然都會提到面對考試時應有的心態調整，但並不一定能具體告訴讀者到底該怎麼做，而後者只偏重於特定考試或是入學考試的讀書方法。

有鑑於此，本書內容不僅針對社會人士應付各種資格考試的狀況，還介紹了學生應該如何準備入學考試，並儘量以大腦科學與心理學角度為理論基礎，配合圖片講解，讓讀者們能更詳細、清楚地理解我想表達的所有內容。

面對社會貧富差距必備的知識力量

現今的社會在不久後的將來也不會有太大改變，懂得以「知識」武裝自己並善加利用的人，才有能力在社會上佔有一席之地，擁有知識的人，或許只要給他一台電腦，他就可能成為百萬富豪。

這和性別、年齡與職業都無關，只要好好運用知識的力量，成功的大門一定會開啟。雖然這個社會上越來越注重人的階級差別，在人們貧富差距日漸擴大的趨勢之下，能否在社會上生存的最大因素就是知識的有無和程度的差別。

保有「上進心」，讓讀書成為一種習慣

我認為拿起這本書的讀者，基本上擁有一定的「上進心」。但是其中應該也有不少人有過想要集中精神讀書，卻沒辦法持續下去的經驗。讀書的時候，一開始或許會感到有些辛苦，但是每件事的起頭對於能否持續下去是極為重要的。

我閱讀了對大腦研究非常出名的池谷裕二先生的著作，內容中提到人類的「行動興奮」，這是著手進行某件事時，自己大腦會產生興奮的感覺。總之，如果吃早餐前有十五分鐘的空白時間，就試著利用這段時間讓自己面對書桌，或者是規定自己每天在固定時間去圖書館，找到固定的讀書場所後，坐下來讀書也是個不錯的方式。這麼一來，就算在懶惰不想讀書的日子，也能藉由這些方式讓自己的讀書心態逐漸步上軌道。

養成「有讀書習慣的生活方式」，過程當中的確存在著極大困難，但是這麼做的話，也能讓生活過得更加有趣，期許各位讀者能從本書中學到東西，並嘗試親身體驗。

「超級讀書法」所展現的成果！

❶我十幾歲時，就讀家鄉的高中，在第一次的實力測驗中，我的名次是四百五十人中的第六十名，雖然當時能否以這樣的成績進入一流大學還有待商確，但對於中學時成績差強人意的我來說，已經非常滿意這個測驗的結果了。之後我改變自己高中三年的讀書方法，成功以應屆畢業生身分同時考上東京大學文科Ⅰ類組（法學院）以及早稻田大學政治經濟學部。

❷大學畢業後，我到舊日本長期信用銀行上班，後來去了野村投信工作，但在一九八六年九月三十日，我決定辭去工作，而且從翌日（十月一日）開始準備司法考試（幾乎是從零開始學習）。隔年五月即在第一道關卡的「單選題考試」獲得合格成績，而在七月的司法考試，也就是最困難的「申論題考試」得到了B（雖不合格，也在前一千五百名之內，以現在的合格人數來看是合格的）。

隔年在各種模擬考試，名次都位居在前，像是申論題模擬考為第八名，綜合單選題模擬考第五名，辰巳小教室[1]第二名，星期日答練[2]三十名左右……在各方面的成績都有非常顯著的進步。後來也順利獲得二家學校的入學資格並成功通過司法考試，在脫離上班族生活轉而讀書的二年內，我便成為當時準備時間最短、「最快」通過司法考試的第一人。

而後我也站在教授的立場，將我的方法對學生作個別指導，而他們也都順利通過了司法考試。

❸身為律師，我比全日本律師平均處理案件的速度還快了十倍，來完成我手邊的工作（根據《日本律師白皮書》[3]記載），因此我登錄為律師後，是全縣唯一每年登上繳稅大戶名單之列的律師，但在那段時間，我沒有加過任何一次班，也享有週休二日的待遇。

❹我們全家在女兒要升上四年級的第三學期[4]時搬來東京，女兒為了準備中學入學考試採用我的學習方法，在她六年級的四谷大塚[5]模擬考試中，取得兩次偏差值[6]七十二的成績，最後一次考試則是五十六名，不但成功通過東京「女子前三名校」的考試，所有參加入學考試的學校也都順利上榜。

1辰巳小教室：辰巳法律研究機構，為通過日本司法考試的指導機關，已擁有三十多年歷史。
2星期日答練：日本學習機構的規劃課程之一，為星期日的課程內容，教學內容依各機構有所不同。
3日本律師白皮書：每年發行一次，記載日本當年度律師數目及活動狀況等廣泛統計內容。
4第三學期：日本教育為三學期制，初等、中等教育幾乎都採取此制度。一般來說四月至七月為第一學期，九月至十二月為第二學期，一月至三月為第三學期，各學期之間各有暑假、寒假以及春假。
5四谷大塚：日本一家以中學考試為主的知名私人考試機構，不僅有課程規劃，也定期舉辦許多的模擬考試。
6偏差值：日本判定入學資格分數的標準值。

第 1 章

超級讀書法基礎篇

閱讀三本入門書籍
善用基礎書的空白處
用心打造讀書環境
etc…

本章關鍵

❶將重點集結在一本基礎書上
❷別對購買教材感到猶豫
❸「循環」閱讀效果
❹善用基礎書的空白處
❺時常翻閱基礎書
❻用心打造讀書環境
❼找到學習夥伴
❽確定目標
❾❿活用潛意識
⓫自己製造時間
⓬獎勵自己
⓭邏輯能力的訓練

1 將重點集結在一本基礎書上

先選擇「內容分量少」、「閱讀容易」的書籍

做什麼事都一樣，只要一開始掌握大方向，就算是踏出成功的第一步。因此在讀有一定分量的科目時，有一個重點需要掌握，就是「選擇內容分量少，能在短時間內快速看完且簡單易懂的入門書籍」。

實際上所謂「內容分量少」、「閱讀容易」的入門書並不多，但如果是「部分內容簡單易懂的入門書」，只要有心找並不會太難入手。此時的讀書方法有「多次閱讀同一本入門書」以及「閱讀多本同程度的入門書」二種方式，要採取哪種方式可依個人喜好選擇，但如果是入門書籍豐富的領域，一般來說閱讀多本入門書會有比較顯著的效果，有關多閱讀幾本入門書的效果在之後會繼續說明。

將入門書內容統整至基礎書之過程

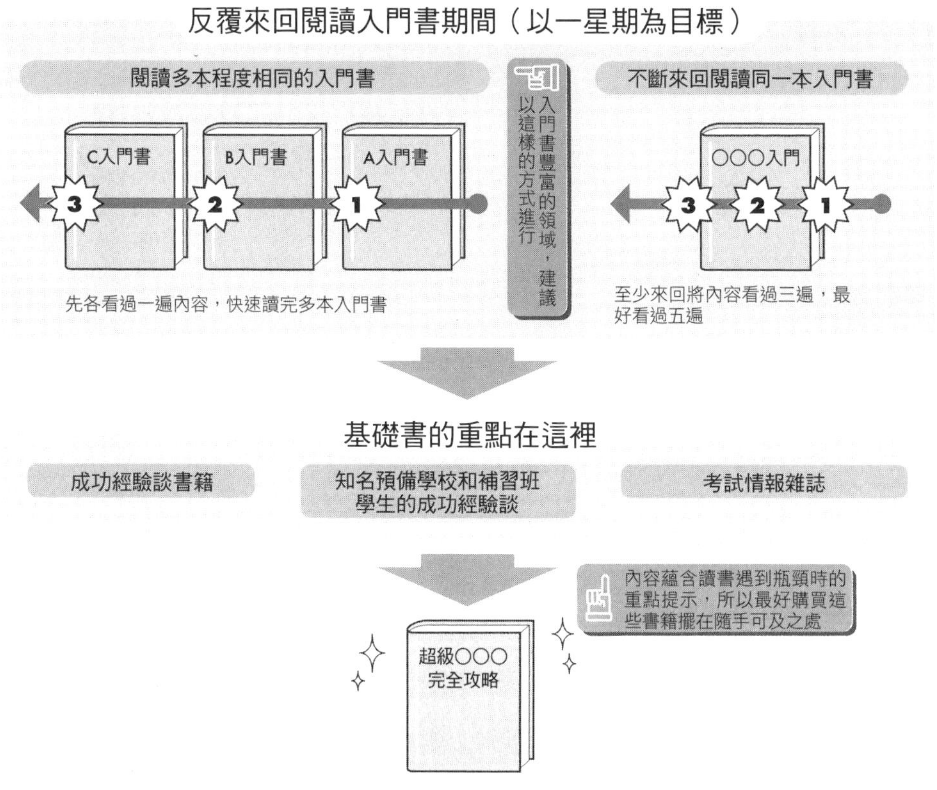
反覆來回閱讀入門書期間（以一星期為目標）
閱讀多本程度相同的入門書
C入門書
B入門書
A入門書
3
2
1
先各看過一遍內容，快速讀完多本入門書
入門書豐富的領域，建議以這樣的方式進行
不斷來回閱讀同一本入門書
○○○入門
3
2
1
至少來回將內容看過三遍，最好看過五遍
基礎書的重點在這裡
成功經驗談書籍
知名預備學校和補習班學生的成功經驗談
考試情報雜誌
內容蘊含讀書遇到瓶頸時的重點提示，所以最好購買這些書籍擺在隨手可及之處
超級○○○完全攻略

"決定自己的1本基礎書"

不能小看記載他人「成功關鍵」的經驗書籍

結束入門書籍的階段後，接著要選擇一本「自己的基礎書」。

選擇參考書時，到底要以什麼樣內容的書籍為借鑑，作為自己的基礎書呢？

首先，要好好利用他人的成功經驗，或排名在前的預備學校*和補習班所提供的資訊，以及刊登第一手考試資訊的書刊。

尤其是他人的成功經驗談，當中記載了許多豐富的資訊以及「合格的關鍵」。

我在準備司法考試時，也會把這類書籍放在自己隨手可及之處，讀書遇到瓶頸時就拿起來翻一翻，看一看內容來動腦思考，養成自己常翻書的習慣。雖然要常常拿經驗談書籍來翻閱，但隨著自己的學習狀況和進度，對這類書

以一個月時間完成以上步驟，不要選擇內容奇特的入門書，而是就各個科目在評價不錯的入門書中選購，從入門書中找出自己的基礎書，是個非常有收穫的動作。

籍的閱讀方式也要作適度改變。

這一類經驗談的書籍當中，也會收錄許多如何選擇「基礎書」的相關內容。

＊預備學校：日本針對各種考試，提供知識和資訊的私人教學機構，考試合格後也繼續提供必要的資訊、知識。

2 別對購買教材感到猶豫

想要提昇實力不能過於節儉

所謂的艱難考試，最後會合格的不只一個人，入學測驗和資格考試每年都有好幾百人能夠合格通過，只要能擠進一個名額就算是成功，不需要去做什麼「特別的準備」，遵守王道才能在考試中奪勝。

雖然都是遵守王道，但我有自信能發現「合格者」和「落榜者」兩者間的差別。判斷基準就是「對眼前事物小氣的人」是會失敗的類型，就暫且以「節儉」來形容好了。

如果是「無論如何都要通過考試」的人，就絕對不能太過節儉。我希望這些人能牢牢記住一句話，「為了時間和效率著想，不要吝嗇花錢」。

當下決定「買書」和「不買書」的比較

不買書

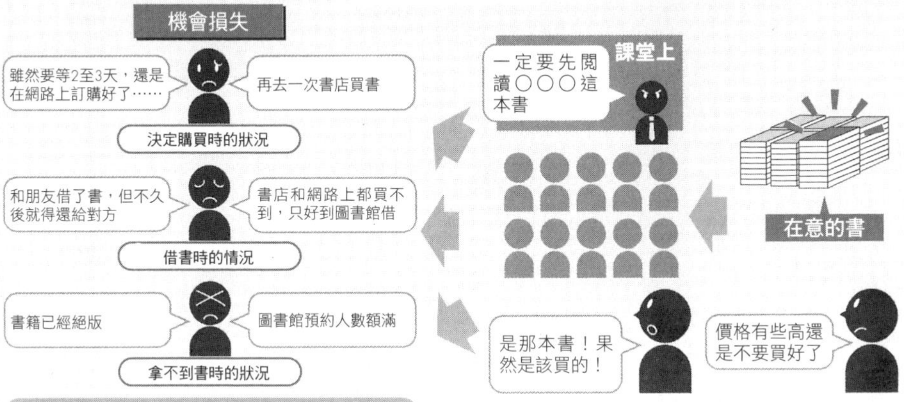

要拿到書還要花費勞力，有時候甚至拿不到書

買書

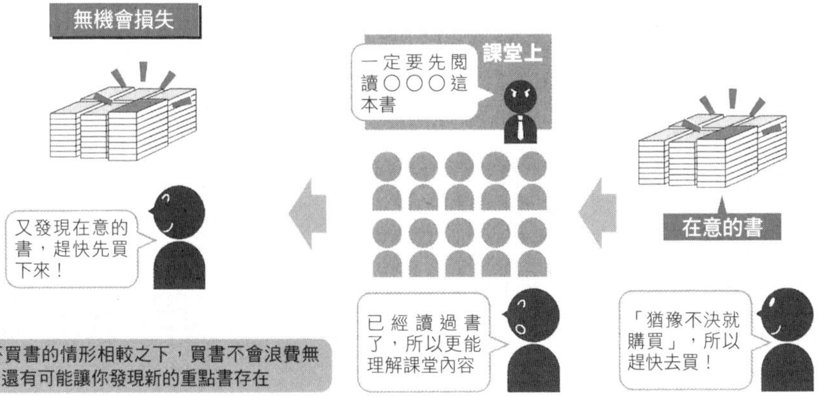

買書和不買書的情形相較之下，買書不會浪費無謂時間，還有可能讓你發現新的重點書存在

猶豫不決時「不購買書籍」的可怕之處

我從準備大學考試開始到現在，都一直告誡自己「如果對書籍存有購買疑慮就要買下」。遇到「要買還是不要買呢？」的情況時，就一定要買下這本書。如果因為「書太貴」而不買，時常會在某個時間點突然需要用到這本書，而這種情形往往會在我們讀書過程中不斷發生。

為了要買之前「猶豫而沒買的書」，日後可能因需要而再次去書店或在網路上購買，產生不必要的間隔時間，當中也有造成「機會損失」（喪失將此間隔時間用來工作能得到的報酬）的風險存在。

其實到處都潛藏「不買書的風險」，書籍的價格頂多就是數百元，請不要吝嗇去支出這筆費用。

實踐 「猶豫不決就購買」的法則也適用於中學考試

女兒準備中學考試時，也確實遵從「猶豫不決就購買」的大原則。

我原本就很常和女兒去逛書店，所以我也將「就算某本參考書內容只有幾頁，或是需要花一小時讀完也沒關係，只要讀了有用就好」的觀念傳達給她知道。如果是不常帶孩子上書店的讀者，可以向本人表達，只要有想買的書，父母就會買給他的想法。

結果，她養成了根據科目不同，辨別「這個部分A參考書寫得比較好」，而對參考書做出取捨選擇，成功提昇讀書效率。就因為這樣的做法，使得直到小學四年級的第三學期前都還住在鄉下的女兒，在不影響睡眠時間的前提下，通過考試難關，一舉拿下學校的合格證書。

以年收入三千萬日圓的律師來說，要再次尋找某本書的「機會損失」為一小時二至三萬日圓。借來的書缺點在於不能進行本書介紹的「螢光筆畫線」、「寫重點」等動作。

3 「循環」閱讀效果

短時間內來回多次閱讀的驚人效果

如同前面的說明，遇到份量較多的科目，要選擇適合自己「分量少、內容易理解的入門書籍」，並不斷地閱讀，也就是從頭到尾多看幾次內容。至少要看過三遍（或三本），在一個星期內以此為目標努力，遇到不懂的地方就先跳過沒關係。我將此方式取名為「高速循環讀書」，而這個方式會在之後的讀書進度上呈現絕大的效果。

短時間內只要將入門書內容看過三遍，不懂的部分幾乎都能在之後理解，這麼一來，就算不太瞭解此科目的全部內容，也能將部分內容儲存在大腦裡。

對於內容少的書籍，不用管不懂的部分，而要以多讀幾次內容為第一考量。

初期的「高速循環讀書」會在之後發揮強大威力

閱讀A、B、C三本入門書之後……

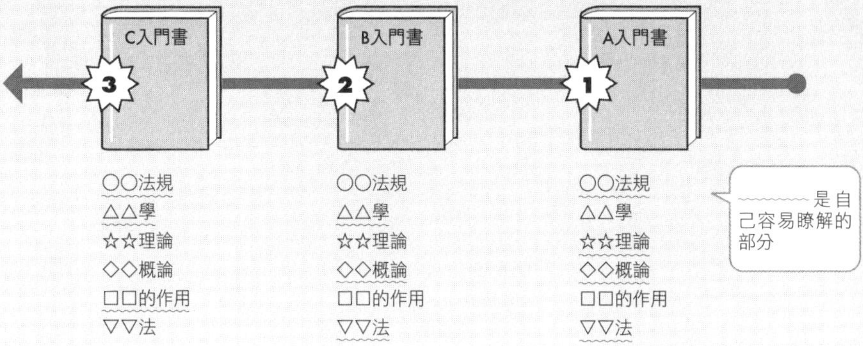

每個作者都有擅長和不擅長的領域，只要閱讀三本入門書，就能掌握每一個項目中「容易瞭解的部分」。

經過這個階段

能夠瞭解現在念書領域的整體內容！

知道「重點在哪」、「哪個部分自己的理解不夠」！

最好閱讀多本同程度入門書的理由

就算是很好的入門書籍也會有疏漏，不可能從中得到所有資訊，因為作者一定有在行和不在行的領域，所以我們在閱讀的同時，一定會有能理解和完全摸不著頭緒的部分，以我的經驗來說，「如果書中遇到不懂的部分，我通常會怪罪作者」。因為在讀同一科目時，就算一開始讀的那本書有不懂的部分，也有可能在其他書裡獲得解答。

只是每本入門書都一定會有「艱澀難懂的部分」，當中又可將其區分為「考試中經常出現的難題」，以及「考試中不常出現，屬於學說中枝微末節的部分」。可以經由閱讀考試雜誌和考試情報來進行確認，如果是後者，就可以直接跳過不去閱讀。

實例

不懂的地方就跳過，先瞭解此科目的整體架構

關於「入門書的重要性」，我想以自身經驗來做些說明。

我在準備考試時，有一個科目的大學教材為《刑法總則》，一開始我真的對這個科目完全摸不著頭緒。所以我決定將入門書的內容，跳過看不懂的部分從頭到尾看過一遍。這麼一來，我就能大概瞭解這個科目的主要架構。只要先知道《刑法總則》中所謂的構成要件、違法性和責任等要注意到的項目，到底該套用到哪裡就可以了。

但我是在期末測驗前才發現這件事，雖然發現到這個道理是件好事，但這過程還真讓我有不少辛苦的體驗。因為搞錯整體架構而找錯切入點，當然沒辦法得到很好的分數。

「如果遇到不懂的部分，一定是作者寫不好」以這種想法將內容作切割，不懂的部分先跳過不閱讀。

4 善用基礎書的空白處

將所有重要資訊寫在基礎書的空白處

選擇完自己的基礎書後，接下來要進行的就是「將有益資訊集中」的工作。

我在準備司法考試時，曾經去聽過人稱律師、會計師、翻譯「資格三冠王」的黑川康正先生演講，黑川先生針對刑法的準備方法作了說明，他談到自己的經驗是將司法考試中刑法總則的考古題，全部記載在《刑法總則》參考書上的空白處。因此在黑川先生的參考書中，雖然〈共犯〉那一章只寫出全部內容的三分之一，但一眼看去完全是黑鴉鴉的一片。重點就在於：「考試出題的地方都是固定的幾個部分，所以要加強那些部分，跳過不會考的部分。」

而我也仿照黑川先生提供的方式去做，但是我不只將考古題記錄下來，也把在其他

將有益資訊都統整在基礎書上

——基礎書範例——

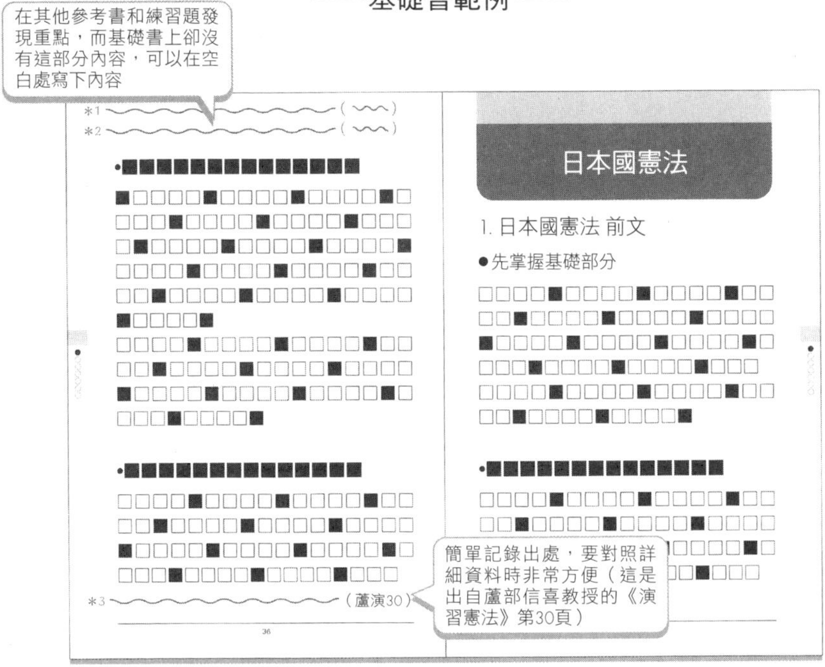

在其他參考書和練習題發現重點，而基礎書上卻沒有這部分內容，可以在空白處寫下內容
*1
*2
日本國憲法
1. 日本國憲法 前文
●先掌握基礎部分
*3
（蘆演30）
36
簡單記錄出處，要對照詳細資料時非常方便（這是出自蘆部信喜教授的《演習憲法》第30頁）

集結資訊所帶來的絕大效果

❶ 時常翻閱基礎書，內容和整體架構會自然地儲存進大腦

❷ 考試前能夠產生「只要看基礎書就好」的安心感

❸ 因為結合了數個資訊內容，能夠更深入、正確地瞭解每個部分

參考書上看到並認為是重點的部分，以及從模擬考中獲得而基礎書上有所疏漏的資訊，都一一記錄在書的空白處。如果在當下將節錄的內容確實標明出處，等到要參考原書時使用起來也會更方便。

因此，只要將所有資訊集中在一本書上，就可以避免看到某個題目，有印象卻還要到處翻書來回尋找的情況，所有你想得到的題目或重點都可以在一本書上找到。這樣一來一往就節省了許多時間，所以我十分推薦大家這樣的做法。

這麼一來，就可將基礎書當作字典使用，和平常只是念過去的讀書方式相比，能更深入瞭解內容的菁華之處，而基礎書所夾帶的三大效果整理在上頁。

實踐

簡潔記載必要事項於基礎書空白處

需要節錄內容時以＊（星號）搭配1……2……等數字來轉記必要資訊，再標明出處。舉例來說，從蘆部信喜教授的著作《演習憲法》第三十頁記載下來，就標記為「蘆演30」。

這時候就算內容分量很多，也必須縮減為一定數量寫在左右兩頁。如果寫了過多的內容，會搞不清楚重點到底在哪，所以最好只以精簡文字記錄下頁數，進行集中資訊這個動作，搭配二階段標示法在基礎書上找出重點內容。而寫在空白處的內容，必要的話，也能以二階段標示法來標明重點。

完成自己的基礎書之後，當中會有「空白處被文字塞滿的頁面」和「空白處依舊空白的頁面」，「空白處被文字塞滿的頁面」是考試中較常出現的部分，屬於較為重要的內容，所以要好好將基礎書打造為「自己專屬的聖經」。

5 時常翻閱基礎書

時常回想基礎書內容的歸納讀書法

閱讀基礎書的方法大略分為二種。

第一種是照著書籍編排的順序，跟著書上的理論說明來讀，我稱它為「演繹讀書法」，像是數學的解題就需要好幾個理論配合才能得到答案，是順著參考書上理論先後的讀書方式，而大多數的考生都是這樣子讀參考書。

另外一種就是考生容易忘記而忽略的「歸納讀書法」，也就是「解題或複習模擬考試題時，要和基礎書上的章節內容做連結」的讀書法，找出試題與考試和基礎書有關連處，屬於加強理解力和記憶力的讀書方法。（這裡的「演繹」、「歸納」只是表現狀態的形容詞，有別於理論學中的「演繹法」、「歸納法」。）

同時實踐「演繹讀書法」和「歸納讀書法」

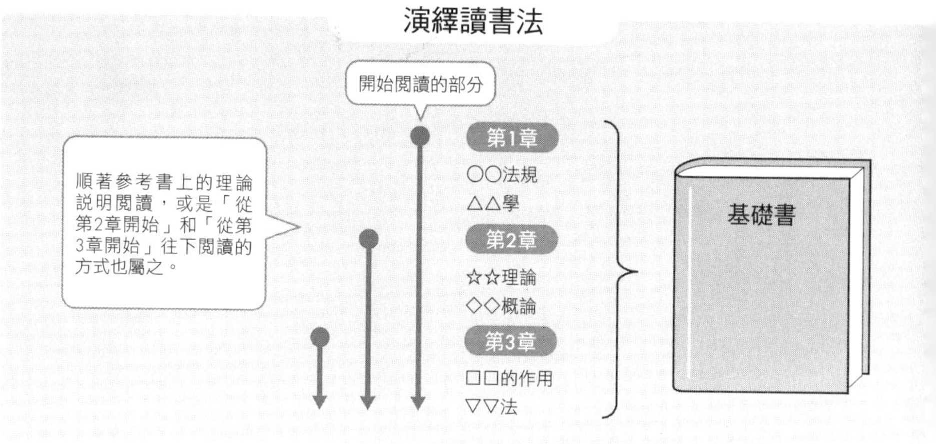

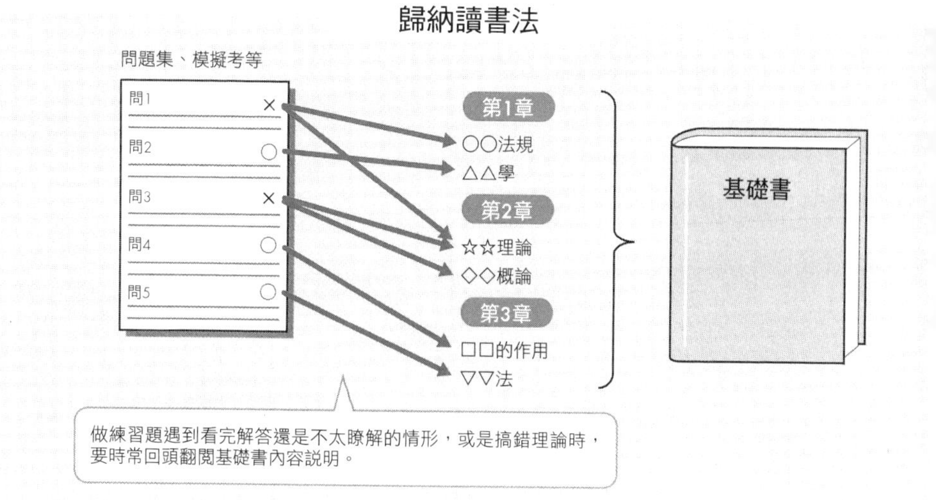

而我想強力建議各位實行的就是「歸納讀書法」，考生常常認為「解題時只要得到解答和看完解答說明就結束了」，或是「考完模擬考後就只看解題說明」，只這樣做是很可惜的。解題時，就算最後得到正確解答，多少還是有不清楚及不甚瞭解的地方，這時一定要再翻閱基礎書的說明，這就是所謂回歸基礎書內容的「歸納讀書法」。

如果基礎書上的內容已經很完整，但在答題上還是有困難的話，就是沒讀熟基礎書；若是基礎書本來就沒提到這些部分，可以把這個題目當作新的資料寫入基礎書，這時也要清楚記錄資料的出處。

參考 論理學的「演繹法」和「歸納法」

論理學上的推理方式是「演繹法」和「歸納法」。

演繹法是將一個明確的事實（一般性原理）推論出每件正確事物的方法，代表方式區分為大前提、小前提和結論。譬如說：

所有的人都會死亡（大前提）

蘇格拉底是人類（小前提）

蘇格拉底總有一天會死亡（結論）

而歸納法就是先假設再將每個事實導向一般原理的方法。

A先生在60歲的時候死亡（事實）

B先生在70歲的時候死亡（事實）

C先生在80歲的時候死亡（事實）

所以人類總有一天會死亡（一般原理）

這些都是日常生活中時常使用到的推論方式。

讀過基礎書的內容，做練習題時卻不知道如何解題，那就是「基礎書沒讀熟」，或是那一部分內容沒有出現在基礎書上，這時可以將新的資料記錄下來。

6 用心打造讀書環境

選擇輔助道具為打造讀書環境的第一步

利用輔助道具可以為學習環境和學習方法帶來變化，當然對於學習效果的提昇也會有所幫助。

我在選擇這類物品的條件是：①價格在自己能力容許的負擔範圍內；②在一定時間內有自信不會厭倦而持續使用；③就算沒達到預期效果，在小沮喪後能重拾心情振作——總之，有符合上述三點的產品出現，我就會去買來使用看看。

我在購買筆記本以及文具用品，這一類「必備的學習道具」的選擇方針是「實用性而非外型」，特別是應試和模擬考時使用的文具更是要慎選。注意「不要花太多時間準備」，以及「不要太執著於細節」，有關這些學習道具在之後會有更詳盡的介紹。

打造學習環境，提昇學習效率

藉由輔助道具發揮作用的學習環境

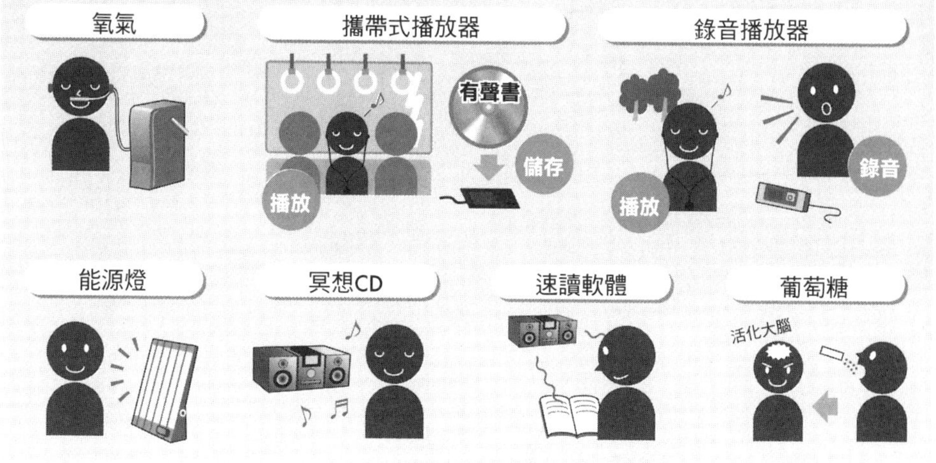

各種讀書環境

除了家裡，還有許多可以選擇的學習環境

咖啡廳

補習班自習教室

圖書館

照片提供：千代田區立千代田圖書館

K書中心

1個月1萬8千日圓起
太陽K書中心

提昇學習效果不惜花錢買讀書環境

人會在不同的時間有不同的情緒狀態，所以我們能夠就當下的環境和狀況來選擇最適合自己的場所。

我剛開始準備司法考試時，都一直在自己居住的公寓裡讀書，但是到了梅雨季節，就會因為有股封閉感而使自己讀不下書。後來因為考慮到學習環境這一點，決定早上到（大學）圖書館的三樓（不那麼明亮但能集中精神的環境），下午到四樓（明亮且視野遼闊的環境）讀書，有模擬考試時就去補習班，因此在之後的讀書心情上，完全感受不到先前的鬱悶。

如果那個環境需要付出等價金錢才能使用，就不要吝嗇掏出錢來，只要有助於提昇讀書效率，最終得到的利益一定遠遠大於現在要花的金錢數目。

實踐 不要參加聽不懂的講座

補習班裡頭都會有「好的講師」以及「不好的講師」，所謂「好的講師」是指其說明的考試必備知識學生容易理解，而且能使學生輕易記起課程內容的講師，而「不好的講師」就是與上述相反類型的講師。

但是「學習吸收程度不同」以及「接受度」等因素影響，很容易受到聽課方主觀印象左右，所以要記住，只要去上「對自己而言是『好的講師』的課程」。如果繳學費去上「『風評很好』但自己覺得很差的講師課程」，這樣的行為對自己是有害無益。

因此，選擇課程時，建議各位最好還是先去「試聽」。

就算處於相同環境，還是會因為時間和天氣影響自己的讀書效率，「 早上和陰天時提不起勁讀書，所以去圖書館讀書！」等，依狀況來選擇能提高學習效果的環境。

7 找到學習夥伴

「好的學習夥伴」能提昇學習效率

對入學測驗或是資格考試來說，找到「好的讀書夥伴」是極為重要的一點。有關學習夥伴的重要性，能夠以經濟學等領域會出現的「比較利益原則」（comparative advantage）*方式來進行思考（請參照左頁）。

讀書夥伴相互合作，補強彼此擅長或不擅長科目之不足，而且還能在此過程中，融合各自的教材重點，比獨自一人埋頭拚命苦讀還要來得有效率。

或許有人認為「告訴他人資訊」是在浪費時間，但是最有效果的讀書方法之一就是「教導他人」，因為教導他人的同時，自己的理解度以及記憶能力都能提昇。

知識和資訊並不會因為告訴了誰而消失，反而會成為雙方思緒整理及知識成長的營

將「比較利益原則」套用到讀書

比較利益原則

打破各國所有生產物的自產自足原則，和他國比較過後，以生產性來決定的產業原則。這個原則能夠讓自己國家沒有的產物，靠貿易關係來補足，不僅能減少資源浪費，還能提高自身生產效率，製作更多產物。

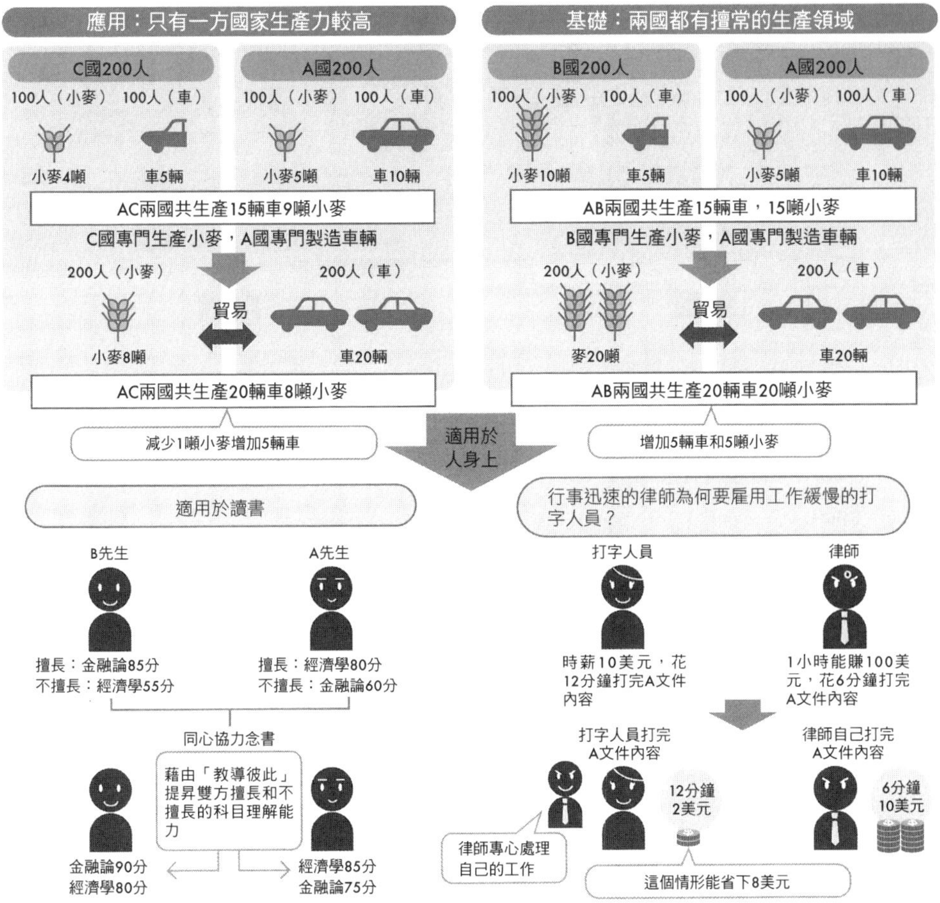

養源。

一起應考的戰友可以成為一輩子的朋友

如果能和讀書夥伴相互合作，就能一步步朝向合格和高分的目標邁進。請各位千萬不要忘記「相互合作會一起上榜，互扯後腿只會一起失敗」這句話的涵義。

我在當司法考生的時期，因為有去補習和參加研討會所以結交了許多朋友。其中一些會每天和我一起去東大圖書館看書，非常熱心地相互幫忙。就這樣過了幾年，讀書夥伴們都成功地拿到合格成績。這些和我一同經歷司法考試的「戰友」，在我當上律師之後，都還是我最信賴的夥伴。

透過讀書考試建立起信賴關係的讀書夥伴，不只是通過考試的動力，對自己的人生來說也是非常重要的存在。

＊比較利益原則：當甲與乙兩個生產國進行生產時，會生產其相對較具效率與效益的商品。

實例

在有別於一般數學補習班得到的寶貴學習心得

這是我發生在數學補習班的真實故事。

那個補習班在學生解題時，沒有老師會走進來，所以加上我，共五至六人的學生們，只好大家一起討論如何解題，直到得出正確解答。最後，老師終於出現，檢視大家的筆記。老師閱卷的重點並不在於答案正確與否，而是「導出答案的解題過程」。

現在回想起來，將程度差不多的學生聚集起來，讓我們慢慢地互相討論出結論就是老師的目的吧！這個方式使我們的數學實力提升不少。

這就是讀書夥伴間「相互合作＝相互學習」，發揮極大效果的實際例子。

就算只有一方負責教導，也有「教導他人＝增加理解度」的效果，完全不會有任何損失。但是要注意，別將「讀書夥伴」和「相互安慰的朋友」給搞混。

8 確定目標

下定決心「接受考試」能提昇讀書動機

每年一到三月，日本書店就會擺滿NHK空中講座的參考書。基於「四月*＝新年度的開始＝重新下定決心」的想法，很多人會選擇在此時重新燃起決心，以煥然一新的心情讀書。

人們總是容易在「新年（或新年度）開始時下決心努力」，然後再輕易地將這個決心打破，那麼要如何保有這種心情讓決心持續下去呢？

我在學生時代，曾經想修後來成為日本法務部長的三月章教授的一堂課，三月教授在那一堂課上說了這段讓我印象深刻的話。

「你們當中應該有很多人只是想要瞭解行政訴訟的基礎，才來上這門課程，卻沒有

要念某個科目前，先寄出「 考試報名表」

「沒有」考試目標的情形

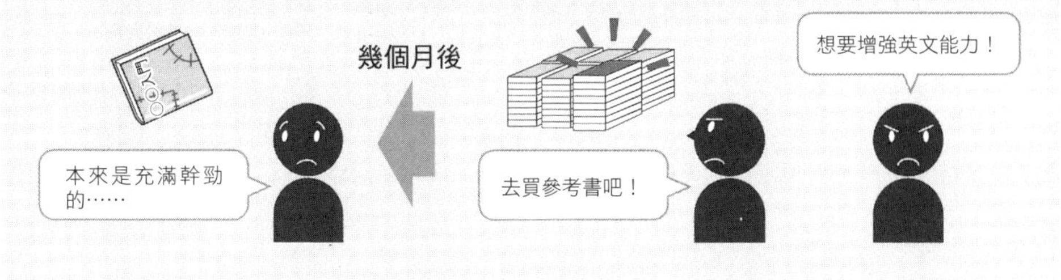
想要增強英文能力！
去買參考書吧！
幾個月後
本來是充滿幹勁的……

「有」考試目標的情形

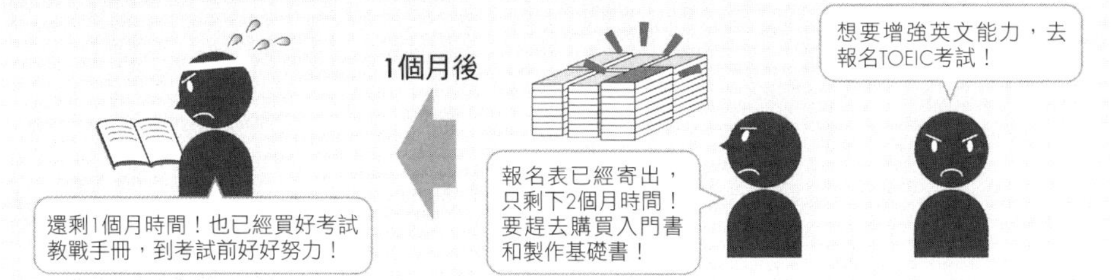
想要增強英文能力，去報名TOEIC考試！
報名表已經寄出，只剩下2個月時間！要趕去購買入門書和製作基礎書！
1個月後
還剩1個月時間！也已經買好考試教戰手冊，到考試前好好努力！

另外
頭腦好壞和學歷與年齡沒關係
大腦科學通說
雖然腦細胞會隨著年齡增長逐漸壞死，但就學習而言，不管到了幾歲，伴隨腦細胞的神經細胞，其神經元數會增加，無關年齡，記憶力還是會向上提昇。
60歲以上
像是英文學者渡邊昇一先生，雖然過了70歲，記憶力還在向上提昇
名校出身者
只是「瞭解如何有效讀書」！

參加考試的意願，是否要參加考試，在學習的成果上會顯現出極大差異，如果只上課不接受測驗，學習效果根本就不到一半。」

聽過教授說的這番話，當時並不想接受測驗的我，決定之後不再出席這門課。

但現在回頭想想，教授說的那番話是對的，事實真的是如此。只要有「想考高分」的念頭，就會有努力的動機，認真地上課，並持續地預習和複習。

想要努力讀書，最直截了當的方法就是給自己製造個「一定要在既定時間應考」的狀況，若想提昇英文能力，就去報名TOEIC測驗。這麼一來，在考試期限前，就能明確地定下讀書的範圍，持續學習的效果也會更加顯著。

＊四月：日本學制為三學期制，四月為新學期的開始。

實踐

絕對要取得能力所及的資格證明

現在不是只要有證照就能生存的時代，但如果沒擁有證照，時常會讓好不容易到手的機會溜走。

雖然不需要賭上人生不斷挑戰考試，但如果是能力所及的資格考試，就一定要去嘗試，才能在社會上取得有利位置。只要仔細搜尋，就能找到符合自己目標的資格檢定考試。找到且立定目標後，照著本書所介紹的讀書方法實行，努力讀書就能取得資格證明。

資格證照有可能幫助你將生命中遇到的困難化為轉機，所以奉勸各位應該不辭辛勞努力讀書，積極地取得資格證照。

照著本書的說明親身實踐，就算時間有限，或是已經有點年紀也沒關係，「給自己設定界限，就能達到成果」。

9 活用潛意識①

讓學過的知識在腦中短暫沉睡

「潛意識」是成功法則集大成者——喬瑟夫．摩菲（Joseph Murphy）博士*最先提倡的名詞，對「潛意識」這個名詞無所知悉、無法自行想像的讀者，或許較能接受從「無意識」的觀點說明，所以在此要介紹幾個活用潛意識讓學習效果大幅提昇的方式。

讀了很多書或是思考很多事情之後，總會有遇到瓶頸的時候，此時有個利用潛意識來解決的好方法，就是「先不管學習過的內容，好好睡上一覺」。

像是遇到不會解的數學習題，先放下手上的書，轉讀其他科目吧！之後再重讀一次，如果還是不懂，那一天就不要再看那個部分。不會的部分在腦中好好沉睡一晚，這麼一來，就有可能不經意地在夢中出現解答，或是在洗澡時，內容突然從腦中閃過等，

讓知識在腦中發酵的方法

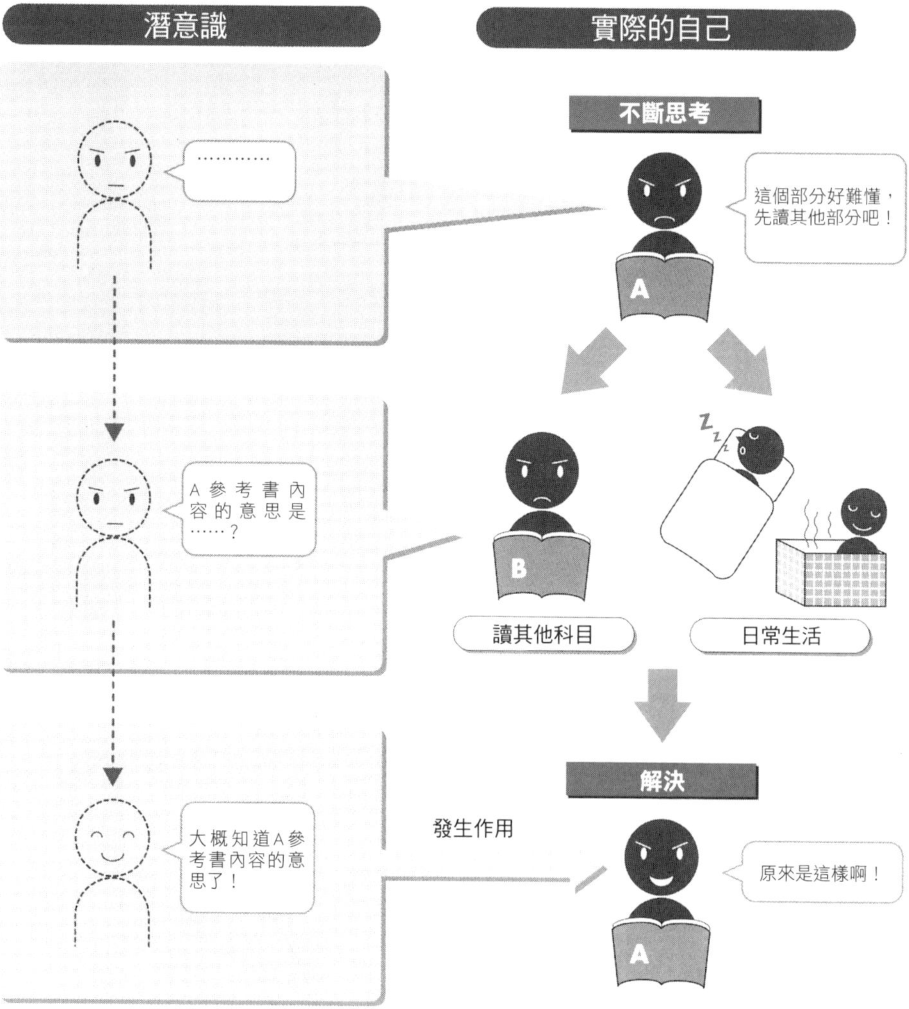

讓潛意識發揮作用。

大腦在我們沒有刻意思考時，會把我們不懂的問題輕鬆解決，這就是「在腦中沉睡」所顯現出的效果。

但是要特別注意「和重點有關連的地方一定要瞭解透徹」，只是讓它沉睡一晚並不夠，在此之前必須經過「不斷思考」。

利用這樣的方式記憶，也能夠讓大腦潛意識產生意想不到的好點子，只要養成適時思考的習慣，也能大大增加腦中想像畫面的成功機率。

＊喬瑟夫・摩菲：英國人，倡導利用潛意識來走向成功之路，並活躍於美國，著有諸多自我啟發書籍。

建議

雖未經科學判定，但也別全盤否認潛意識的重要

現在關於潛意識的科學解析研究還不是那麼明朗，難免有不少人對此議題的真實可信度抱有質疑。

我時常想，現代人對於科學和醫學的研究都還沒到達最頂端，應該要有「科學的發達過程無邊界」這樣的謙虛思想。

雖然現在有許多事不能以科學角度完全解釋，但也不能以傲慢的態度全盤否認其重要性，或許一百年、兩百年後的人，也會和從前相信地動說的人們一樣，以同樣的觀點看待現代科學。

除了不斷思索難題，在讀其他科目或是日常生活時都有可能突然浮現解決方法。不只要知識在腦中沉睡，還要經過「不斷思考」這個階段。

10 活用潛意識②

想像「自己成功的樣子」

「將自己成功的樣子輸入潛意識就會成為現實」，這可以說是摩菲博士一直提倡的「潛意識」效用。「想像自己住在大房子裡」……經常將這樣具體的想像帶入大腦的潛意識，有一天這個想像就會實現。

相較於讓大腦「沉睡一晚」的方式，這個方法或許比較難以理解，所以我想提出自己的經驗給各位參考。

我曾經有過兩次將想像化為現實的經驗，第一次成功的例子是發生在我要考大學的時候，當時住在鄉下的我每天晚上都會手拿東大校園的照片，想像自己穿著毛料大衣走在東大校園內的情景入睡，不斷將這樣的景象輸入大腦，結果這個想像真的實現了。

想像成功畫面所展現的效果

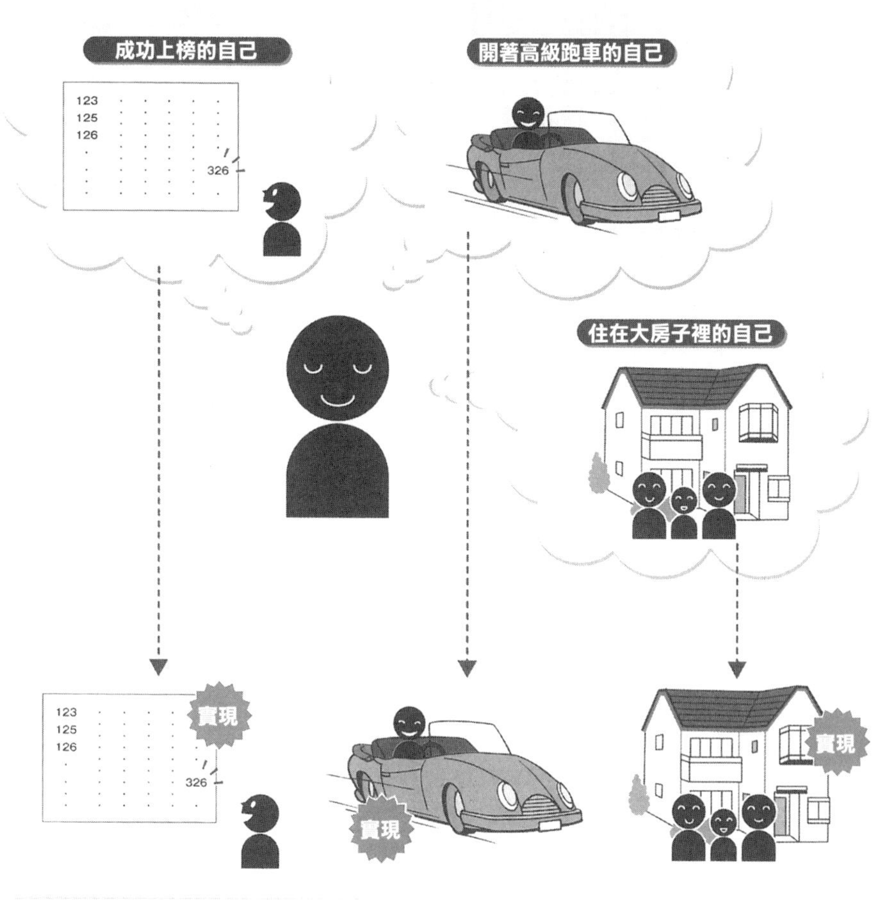

只要想像的畫面離現實不遠，在現實生活中幾乎就會發生相同情形！

第二次經驗則是我成為司法考生的時期，每天晚上我都會想像自己走到位在法務部中庭的佈告欄，去看司法考試的合格名單，當時浮現的景象是：「我的名字出現在榜單右邊靠近下方的部分。」驚人的是佈告欄上我名字出現的地方，也和我每晚想像的分毫不差。在放榜後隔幾日，當我和其他合格者聊過天才發現，有好幾個人和我有同樣的情形。在那之後，我女兒也成功將想像畫面化為現實。

我曾經有過將「腦中想像畫面」化為現實的經驗，試著不斷在睡前「想像自己上榜」或「想像自己會成功」，接著只要沉沉睡去就可以了。

建議 不要讓潛意識影響自己，產生負面的作用

使用潛意識時，有一點要特別注意，就是「潛意識不僅可以接收成功的想像，也可以產生失敗的想像」。過於悲觀的想法會注入我們的大腦潛意識，進而導致失敗。

像是司法考試考生中，每年都會有極具實力的人多次落榜。想像期待中景象出現的同時，因為太過恐懼有時反而產生反效果。

我想只要適時但不過度的思考著自己「絕對會成功」或是「絕對會考上」等，再做到「不管如何都要將成功的情景輸進大腦的潛意識」就可以了。

如果出現不好的想像畫面，不要硬逼自己往好處思考。最好在心情愉快充滿幹勁的時候，自然地想像美好畫面的作法較為安全。

11 自己製造時間

「太忙沒時間念書」和「總有一天會念書」都是騙人的

有些人總是會一直說自己「太忙」，但如果因為太忙而無法念書，就只是藉口。這些人和一般人的平均值相比並不能說是很忙的，有很多時候只是「讓自己處於忙碌狀態」。我以一般律師十倍的速度處理案件，基本上不需要加班，星期六、日也都有休假時間，因此我的工作密度相當高。對在一般公司工作的上班族來說，有時候不得不留下來加班或是在假日上班。但就算是這樣的人，也一定能在搭車移動或是會議休息時挪出一些「空閒時間」，如果能有效利用這些時間，讓時間「積沙成塔」，對讀書結果來說會有很大的進展。

一直嚷嚷自己很忙的人和說「最近會開始念書」或是「有空再開始念書」的人一樣

設定界限就能生出時間

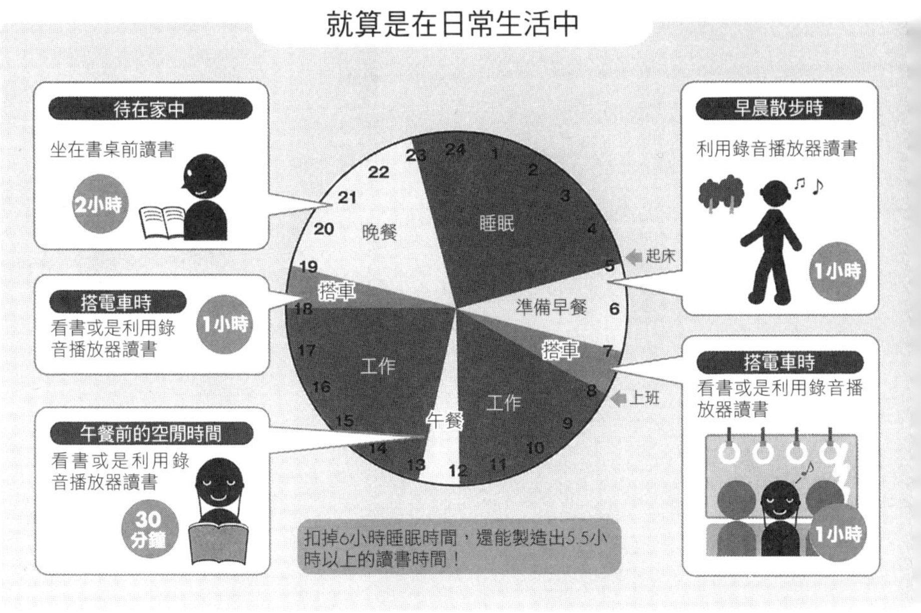
就算是在日常生活中
待在家中
坐在書桌前讀書
2小時
搭電車時
看書或是利用錄音播放器讀書
1小時
午餐前的空閒時間
看書或是利用錄音播放器讀書
30分鐘
早晨散步時
利用錄音播放器讀書
1小時
搭電車時
看書或是利用錄音播放器讀書
1小時
睡眠
晚餐
搭車
工作
午餐
準備早餐
起床
上班
扣掉6小時睡眠時間，還能製造出5.5小時以上的讀書時間！

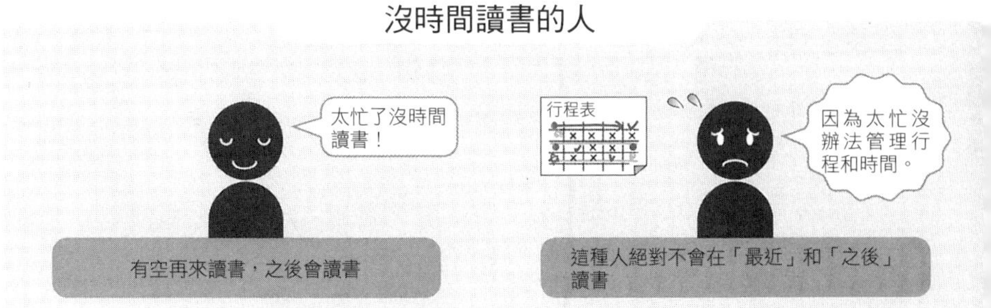
沒時間讀書的人
太忙了沒時間讀書！
行程表
因為太忙沒辦法管理行程和時間。
有空再來讀書，之後會讀書
這種人絕對不會在「最近」和「之後」讀書

多，就算沒真的說出口，應該有不少人都這樣想過。

在這裡我要說一些重話，那些說「最近會開始念書」的人，絕對不會在「最近」念書，請記住，除了從現在開始，不會有其他機會讀書了。

誰也不知道之後會發生的事，想著要在「退休之後過悠閒生活」，卻被迫照顧另一半的生活起居……有很多可能性會使讀書時間就這樣消失，事後悔恨已經來不及了。

讀書這件事不是要「明天再做」，而是要抱有「今天就做」的決心。

建議

讀書才是重返青春的最佳良方，而且「絕對有益無害」

是否有人因為年齡增長而放棄讀書了呢？讀書能夠活化大腦；去補習班念書，會因為環境的變化和交友關係的拓展而有防止老化的效果。

我敢斷言，學習效果和年齡絕對無直接關係，讀書最大的敵人就是想放棄的念頭。藉由學習讓之後的人生更加充實，既能夠防止老化，又能讓自己樂在其中，沒有比讀書更好的事了。

「讀書絕對有益無害」，

這是一位我尊敬的人跟我說過的一句話。

要瞭解，除了馬上著手去做，沒有其他方式能開啟新的學習，要抱持著「今天就做」，而不是「明天再做」的精神讀書。

12 獎勵自己

分成「短期」、「中期」、「長期」獎勵較具效果

我認為，要使一個人持續做某件事，需要適時的獎勵。獎勵只是用來激勵士氣，並不是一定要「有形的獎勵」，表達帶有情感的話語，讓人感覺到「成就感」和「優越感」的鼓勵也不錯。

舉例來說，在進度表上將已完成的事項，用螢光筆劃掉，就會感受到小小的「成就感」，這種感覺就是「對自己來說最好的獎勵」。還有模擬考過後，看到自己名列成績優秀者而沉浸在「優越感」中，對自己來說也是一種獎勵。誠如上述，只要好好思考什麼是適合自己的獎勵方式即可。

而且獎勵方式也不限於一種，確實完成進度得到的成就感，因為努力而在模擬考中

好好分配「獎勵基準」

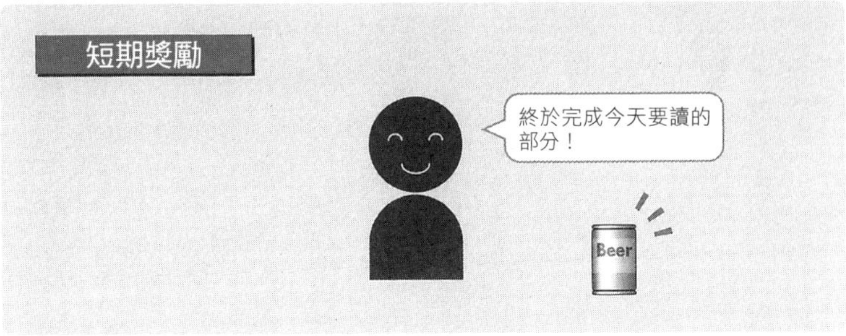
短期獎勵
終於完成今天要讀的部分！
Beer

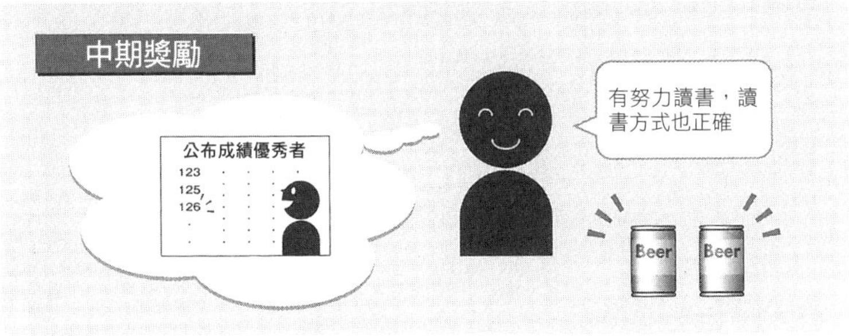
中期獎勵
公布成績優秀者
123
125
126
有努力讀書，讀書方式也正確
Beer
Beer

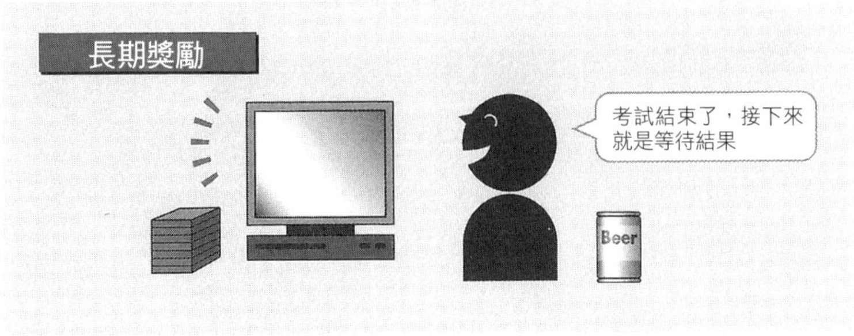
長期獎勵
考試結束了，接下來就是等待結果
Beer

得到優越感，小小的慶祝一下……這樣多重式地獎勵自己，也是不錯的作法。

我在某本大腦科學、心理學的書上看到，只要將「長期的獎勵」和「短期的獎勵」二者合一，似乎在讀書層面上頗具效果。然後不要偏重於獎勵短期或長期的任何一方，要好好將「獎勵期間的平衡點」分散在各個念書時期。

我在準備司法考試時，每天達成計畫的充實感以及每晚一罐的啤酒，就是我的「短期獎勵」；若是自己名字出現在模擬考前幾名，我不僅會沉浸在優越感中，也會另外追加一罐啤酒作為我的「中期獎勵」；當我達成長期計劃，以及在司法考試的選擇題或申論題考試後，會花一整天租看喜歡的錄影帶，當作我的「長期獎勵」。

參考

給予獎勵是不好的行為嗎？

「是否要給予孩子獎勵」時常會在準備考試的場合被提出來討論，或許有些家長認為「以獎勵方式激起孩子幹勁是不對的想法」，所以反對這樣的方式。

但是我認為獎勵方式反而能讓學習效果倍增。

因為不管是多麼有趣的科目，只要每天不間斷接觸，一定會有厭倦的時候。這種情況並不侷限於念書上，一般人的心理狀態皆是如此。

為了避免「厭倦」心態的出現，適時給予孩子獎勵是個非常有效的方式。

「獎勵」並不一定是有形物體，「成就感」、「優越感」等情感上的獎勵也不錯。

13 邏輯能力的訓練

不動腦就沒有邏輯能力

本章節要說明「不論是誰都可以做到的邏輯能力培養法」，只要將此方法化為習慣，保證讀者們的邏輯能力會跳躍式地向上提昇。

邏輯能力的培養從「提問」開始，也就是對所有事物產生疑問，並在提出答案的過程培養出能力，但所謂的提問並不是向他人發問。日常生活中不管看到什麼，都要對自己提問：「為什麼會這樣？」並嘗試自問自答，舉例來說：

Q 最近為什麼常看到「M型社會」這個名詞？

A 因為相關書籍很受歡迎。

提昇邏輯能力的「一人辯論」

一人辯論方式 以「提問」開啟一人辯論

①設定課題

對於修改憲法是贊成還是反對

思考贊成修改憲法的根據。

②自己思考贊成修改憲法的根據

贊成

❶憲法已無法順應當今社會現況。

❷憲法是強制規定後的內容。

③以反對立場思考贊成的根據作出反論

反對

（針對❶）何謂「現況」，並沒有具體說明。姑且不論這點，憲法本來就是指引國家走上正確方向的「基本規範」，要憲法符合現況根本就是「本末倒置」。

（針對❷）就算憲法是某些人規定後的內容，只要是「對國家有幫助的」也沒有不好。如果被規定是不好的，那麼父母對子女施予教育也是不對的囉！

④接著轉換立場，思考反對修改憲法的根據

反對

❸現行日本憲法是世界上少數的和平憲法，修改的話會有把日本導向軍事大國的疑慮產生。

⑤以贊成立場思考反對的根據作出反論

贊成

（針對❸）就算擁有和平憲法，也不能保證絕對不會遭受他國的攻擊和侵略，本國國民需要擁有抵擋侵略的最低軍事能力，所以「修正憲法把日本導向軍事國」是非常先進的想法。

Q 為什麼這些書會受歡迎？

A 因為人們對於社會現狀的不瞭解容易產生不安……。

……就如上述，養成常常詢問自己「為什麼？」的習慣，對邏輯能力的養成非常有效，又容易實行，不管是在搭車或是吃飯都可以這樣做。不管自己的答案是對是錯都不重要，重要的是用自己的方法給它一個「理由」。

這種自問自答方式能夠發展成上頁介紹的「一人辯論」，為了培養邏輯能力，辯論是個不錯的辦法，如果能夠一個人進行會呈現極大效果。

因為邏輯能力這種東西「不自己動腦就絕對不會進步」，光看書並不能培養真正的邏輯能力，唯有在日常生活中自己尋找課題，養成訓練大腦的習慣才是成功的不二法門，希望各位都能夠親身實踐這樣的訓練方式。

建議

進行自問自答時不要搞混「邏輯性主題」和「情感、主觀好惡主題」

進行自問自答時有一點要特別注意，「不要把主觀好惡問題當成訓練邏輯能力的題材」，因為主觀好惡問題無法有邏輯性答案出現。

譬如「日本職棒的古田教練和裴勇俊誰比較適合戴眼鏡？」這樣的問題，就是主觀好惡的問題。以這樣的問題做自問自答訓練，完全無法培養邏輯能力。

所以最重要的是在平常所見所聞中，找出「和主觀喜好無關的問題」對自己提問。

只要在日常生活頻繁地做「一人辯論」的練習，邏輯能力一定會提高，但是不需要在最後下結論問自己「是贊成還是反對」。

column 如果你有一百萬會怎麼使用？PART❶

何謂自己的幸福？

你到底為何而活？什麼又是你的人生目標？如果有人對我突如其來的提問感到困擾，在此說聲抱歉，但這個問題是我一直不斷詢問自己的問題。

身為律師，費盡心思工作時，或是工作一天後心情感到沉悶時，我就會開始思考自己的「人生目的」。

如果是為了「生活」，我到底是在追求怎樣的生活？如果是為了「家庭」，我又希望擁有怎樣的家庭？如果是為了「金錢」，我成了億萬富翁時，要怎麼樣使用這些錢呢？

結果，不知從何時開始，我產生了這樣的想法，我們追求幸福的過程中，家人和金錢只不過是成就自己幸福的手段之一……。

這麼一來，或許可以反問自己：「對你而言什麼是幸福？」

針對這個問題，我想這麼回答：「所謂的幸福就是可以繼續過著滿足的人生。」而不是每天過著感到不滿的無趣人生。

如果你手上擁有一百萬可以使用，你想拿這筆錢作什麼？

「投資股票」、「還清借款」、「存在銀行」、「一個晚上花光」……應該會有許多的想法浮現，但這一百萬就某些角度來看，應該算是個不上不下的數字，既買不起高檔車，拿來當股票本金又不放心，所以說一百萬是無法讓人一生都「過著滿足生活」。但是如果把這一百萬好好拿來「自我投資」，滿足過生活的可能性就相對增加了不少。

從「物質投資時代」到「自我投資時代」

街頭巷尾充斥著股票投資以及不動產投資的資訊，但要從這些證券或不動產身上得到應有回報、過著「滿足的人生」，需要一筆相當的資金。

如果有一百萬的資金，即使銀行存款年利率到達三〇％，一年也只能增加三十萬，就算運氣好能順利運用這三〇％的年利率，十年後以複利計算，金額最多也只能達到一千三百萬左右，再說投資的世界若是能以年利率三〇％這樣的表現，持續上升十年，那真的可以說是奇蹟發生。

這樣的說明應該很容易瞭解，物質投資如果沒有一定的資金，無法得到足夠過「滿足生活」的回報。雖然也有所謂的「信用借貸」，利用借貸金錢投資的方法，但這使自己顯露出破綻的風險也相對增高。

所以我要推薦各位的投資方式不是物質投資，而是「自我投資」。自我投資是藉由投資自己來提升本身的附加價值，顯著提升平均每一小時的單位價值。藉由自身的勞動就可以得到足夠的資金，不僅能拿來投資物質，在勞動的過程更能提高自己的「人生滿足度」。

第2章

徹底活用記憶篇

本章關鍵

❶記憶的構造
❷一天五分鐘的「黃金複習時間」
❸戰勝妨害記憶的「二隻野獸」
❹死記硬背能對記憶產生效果
❺完全熟記的超級技巧
❻活化大腦的方式
❼製造最佳時間
❽～❿製作基礎計畫表
⓫實踐三循環讀書法
⓬活用右腦的效果
⓭善用視覺掌握能力
⓮二階段標示法
⓯活化右腦的技巧
⓰充分利用五感讀書
⓱善用有聲教材

1 記憶的構造

保持記憶的最佳時機

「我對背誦東西沒什麼自信……」，相信讀者當中不少人也有這樣的困擾，那是因為大家都有過「明明已經背過了，但還是會忘記」的經驗。

根據大腦科學研究指出，大腦遺忘並不是喪失記憶，只能說是大腦中的記憶需要被「喚醒」。

關於大腦遺忘的理論中，以赫蒙．艾賓豪斯（Hermann Ebbinghaus）*提出的「記憶曲線理論」最為有名。

我們的大腦在一次的記憶分量中，過了二十分鐘後還能記起全部內容的五八％，過了一個小時則為四四％，一天後則有二六％，三十一天後只剩二一％的記憶內容。要

記憶相關實驗以及理想記憶保持活動的時間安排

記憶相關實驗1：記憶曲線理論

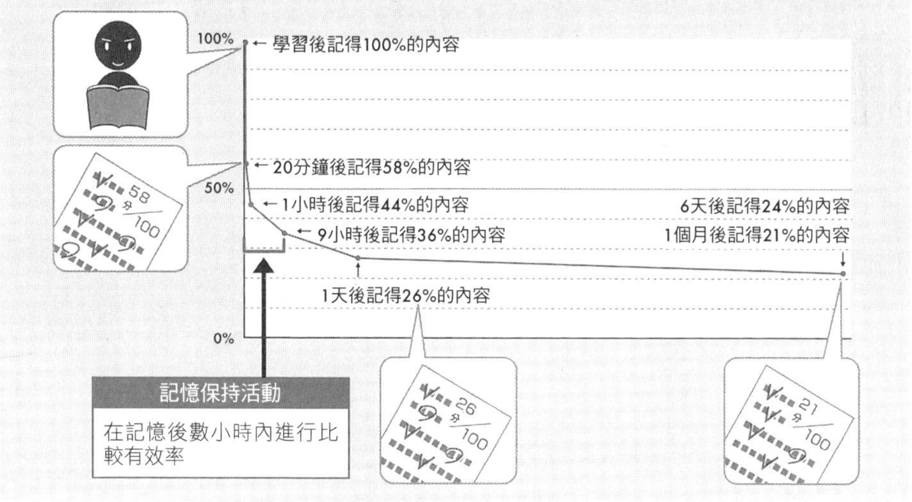

記憶相關實驗2：「喚醒記憶」實驗

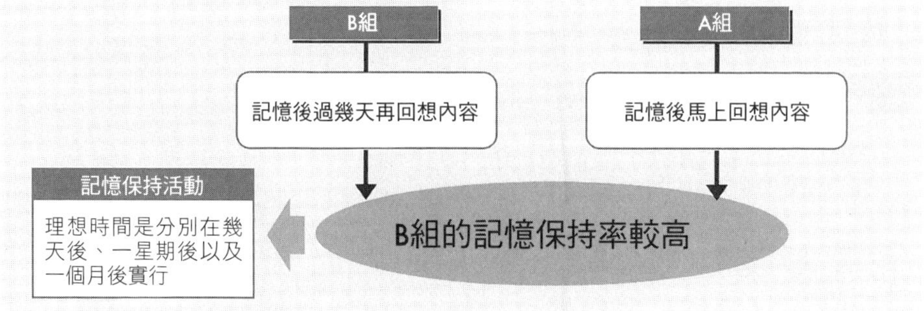

特別注意的重點是「記憶的遺忘是在背誦後的一天內急速進行，之後則以緩慢的速度忘掉」。因此「如何維持記憶」，也就是「如何在一天之內做好事前準備工作」才是真正的重點所在。

接著要來介紹一個和記憶有關的實驗內容，有一位心理學家將人分為兩組，進行「喚醒記憶」（喚起記憶內容）的實驗，其中一方人員在記憶過後隨即接受測驗，而另一方則是過了幾天才進行測驗。結果，過了幾天才測驗的那些人，記憶儲存率較高。

這個實驗顯示「要是在一星期後接受測驗，記憶過後幾天再來複習，遠比記憶過後二十分鐘複習，更有可能在考試時獲得高分」。

從這個實驗結果得知，為了避免忘掉記憶過的內容，只要在記憶過後的幾小時內做「記憶保持活動」，就可以緩和記憶力急速下降的程度，而喚醒記憶的複習工作，最理想的時間則是分別在幾天後、一星期後以及一個月後實行。

＊赫蒙・艾賓豪斯：德國心理學家，他發現剛學習到的知識先以很快的速度遺忘，然後遺忘程度會緩慢下來，而已經長時間記住的東西，則很難被徹底忘記。

實踐

做練習題對於保持記憶極具效果！

不管多麼努力嘗試去保持記憶，「人們還是容易遺忘」。最好像記住「織田信長死於本能寺」那樣，將記憶化為長期記憶，而這個將「記憶轉換成長期記憶」的過程非常累人。

要如何讓背誦過的記憶成為「長期記憶」刻印在大腦裡呢？我認為只有「實際多多使用」，像是經營者學習了會計和財務分析，之後就會實際使用這些知識。而讀書的話，最具效果的工具就是練習題，多去想想平常不曾思考的各層面問題，如果真的不知怎麼解題，也可以只看解答（可以的話，最好回歸基礎書），然後不斷嘗試進行這樣的活動。

根據大腦科學研究顯示，大腦並不會發生「記憶消失」的情形，會忘記只是因為大腦「沒有喚起記憶」。

2 一天五分鐘的「黃金複習時間」

持續「保持記憶」和「喚醒記憶」活動

我在準備大學入學考試和司法考試時，幾乎都是以「一小時＝一單位」的方式讀書，一單位結束後，我會在腦中進行「反芻」的動作。

具體來說就是「將讀過的內容快速地在腦中回想一遍，不清楚的地方再確認一次參考書或是練習題，然後將內容在腦中回想一次就結束」的五分鐘動作，這可以說是「非常重要的記憶保持工作」。

另外，我會在每天入睡前，把那一天讀的內容，以放鬆的心情花些時間（盡可能在二十至三十分鐘內）再看一遍，就這樣帶著好心情結束一天。

這就是「喚醒當日所讀內容」的動作，以短時間完成第一次的「複習」。

實踐一天五分鐘的「黃金複習時間」

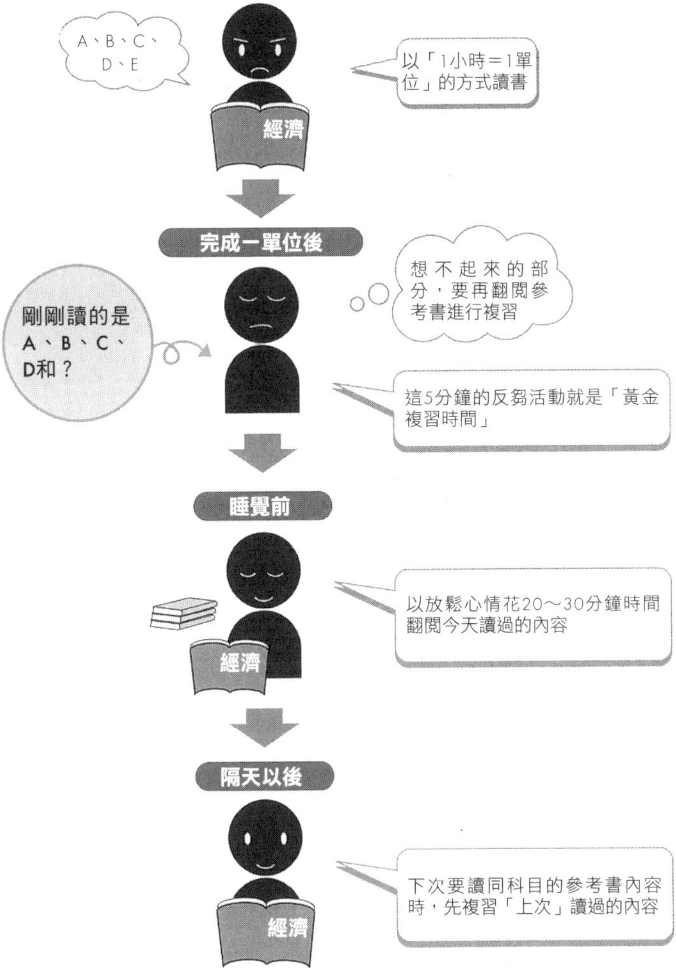

在下次讀同科目的參考書前，先複習「前一次」（每天都會翻開參考書的話就是昨天）讀過的內容，使記憶在大腦裡「定型」。就如同前面介紹的，「數日後喚起記憶」。

多次反覆地實行「保持記憶」及「喚醒記憶」的效果是非常顯著的，在開始準備司法考試的半年間，我也將當時司法考試七個科目的內容全看過一遍，因此我的選擇題考試能輕鬆通過合格標準。

讀書過後隨即進行反芻作業，之後又要複習，而且還要加上前一次讀過內容的複習，這方法會讓自己意識到，「讀過的內容如沒複習會忘掉多少」，而這真的很辛苦。

因為我持續地咬牙苦撐，才能讓我在最短時間內成功通過司法考試。

實踐　實行「重要的記憶保持工作」，卻不會影響他人的方法

「反芻」真的是很累人的活動，在補習班或是預備學校等地方上課，等到闔上參考書之後，當然就是要抱著「結束」的心情回家，而且其他人也都在收拾書包準備回家。

因此，在「課程快要結束」的時候，就可以在課堂上重看一次筆記和參考書內容，不必在意旁人進行反芻動作。

以前我去上電腦課時，老師總會在課程的最後五分鐘進行「今日複習」，在下一次上課時也會利用開始的十分鐘進行「上次的複習」，我覺得這是個很好的方式，所以就記下來了。希望各位去補習班或是預備學校上課時，也能夠使用這個方式。

讀書後隨即進行反芻作業，之後又要進行複習，讓自己意識到「自己忘記了多少內容」，真的是很辛苦的一件事。但是只要跨越這道難關，相信「快速上榜」就不會是夢想。

3 戰勝妨害記憶的「二隻野獸」

防礙記憶的二要素

接著要說明關於記憶法中的「如何應付防礙記憶的二要素」，這二個要素我姑且稱它們是「前門虎」以及「後門狼」。

在這裡簡單做一些說明，假設你正在記憶A事項，這時有很多比A事項更早記憶的事，會成為防礙A事項形成記憶的要素，這就是「前門虎」。

而在A事項之後要記的事，也會影響到A事項形成記憶，為「後門狼」。

在心理學上，前門虎被稱為記憶的「順行抑制」，後門狼則為「逆行抑制」，這二種抑制作用據說在同種類的記憶與學習上會更加明顯。

驅逐「前門虎」和「後門狼」！

妨害記憶的「前門虎」和「後門狼」

假如要一次記憶10個英文單字

1 2 3 4 (A) 5 6 7 8 9

前門虎
（順行抑制）

後門狼
（逆行抑制）

這二種抑制作用在同種類的記憶與學習上會最明顯

如何壓制前門虎和後門狼？

不同科目的情形
1小時後穿插讀不同科目

×

第一天	第二天	第三天
民法3h	刑法3h	經濟3h

○

第一天	第二天	第三天
民法1h 刑法1h 經濟1h	民法1h 刑法1h 經濟1h	民法1h 刑法1h 經濟1h

記憶單字的話
利用瑣碎時間一個一個記憶

- 吃飯前記一個
- 洗澡前記一個
- 上廁所時記一個

} 一天就能記憶十個單字

必須讀同一科目好幾個小時的情況，可以在讀書空檔定一個「轉換更新時間」！

- 在集中精神時間（以45分鐘為基準，依個人狀況不同）後安排5～10分鐘的休息時間
- 休息過後要再開始讀書前，先進行3分鐘的百格計算等活動，讓大腦能夠更快進入思考模式。

何謂百格計算？
在10×10表格上，於橫軸和縱軸旁隨意填入0～9的數字（有時還會填入其他符號），然後在交叉處計算出數字的訓練方式，讓大腦能夠更快進入思考模式。

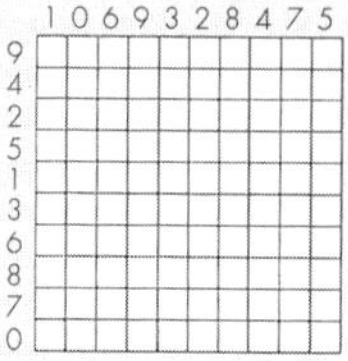

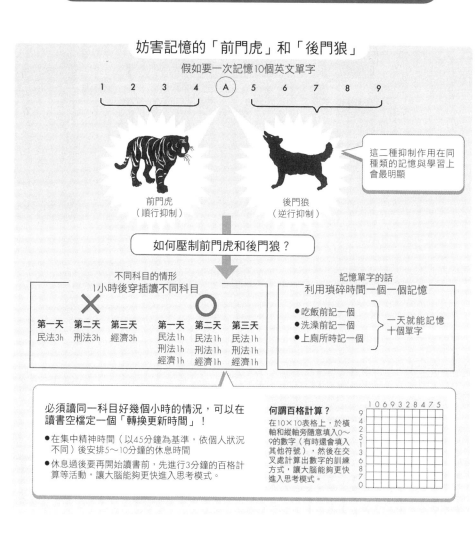

利用空間時間記憶，並交替換讀不同科目

記憶時，前後都會有搗亂者出現，所以要一次記起一百個不懂的英文單字非常困難。記憶的「逆行抑制」作用，在「同種類作業」時達到頂端，就理論來說與其一次背十個單字，不如利用片刻空閒一個一個背誦還來得比較有效果。善用「片刻空閒時間」，就能讓我們逃離單純背誦記憶的痛苦。

如果要持續學習，最好將不同領域的科目組合式學習，這會比持續單一科目更來得更有效果。

但總是會有必須讀同一科目好幾個小時的情況，這種時候就可以在讀書空檔定一個「轉換更新時間」，這麼一來，大腦就能暫時轉換成其他模式，產生干擾，讓大腦的抑制作用無法順利運作。

參考

施里曼
精通數十國語言的方法

關於背誦這一部分，我要報告各位一個好消息。那就是「人類持續進行記憶活動時，記憶力會越來越好」，而且「記憶力越來越好」和年齡大小沒有關係。

挖掘出特洛依遺跡的施里曼（Heinrich Schliemann）*，也是很有名的語言學專家，他能在短時間內精通一國語言，最後成為能使用數十國語言的人。

他曾表示自己的「記憶力不好」，但是在他年事已高時才開始使用直接背誦法，持續使用之後，他的記憶力向上提昇了不少，而且簡單的文章也只要看過二至三次就能記起來。

*施里曼：德國考古學家，青少年時代喜愛讀書，自學精通英語、法語、荷蘭語等十八種語言。

進行記憶時偶爾會受到干擾，但是不要放棄，也不要感到慌張，以有效率的方式，讓記憶以「長期記憶」存放在大腦中為目標，不斷努力！

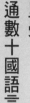

4 死記硬背能對記憶產生效果

親身體驗如何去除對死記硬背的厭惡！

人們強烈殘留對「死記硬背」、「完全熟記」的厭惡感，但是我相信「在讀書這方面，死背某些內容是必要的捷徑」。

日本在幕府末期尊皇攘夷行動中的先驅者吉田松陰[1]，十歲左右就已經顯現教導藩主講師的才情，他因為在斯巴達式的死記硬背教育下成長，才讓他成為如此有學問之人。聽說猶太人自小就接受猶太教教義的「熟記」教育，理由是「要在幼年期將腦容量撐大」。以物理學家愛因斯坦以及數學家馮紐曼[2]等天才，或得到諾貝爾獎的學者接二連三出現這點來看，猶太人的填充式教育完全沒有剝奪孩子的創造力。

當然可以給孩子填鴨式的教育，不過在那之前，請自己親身試驗看看，就算是上了

死記硬背和完全熟記的效果

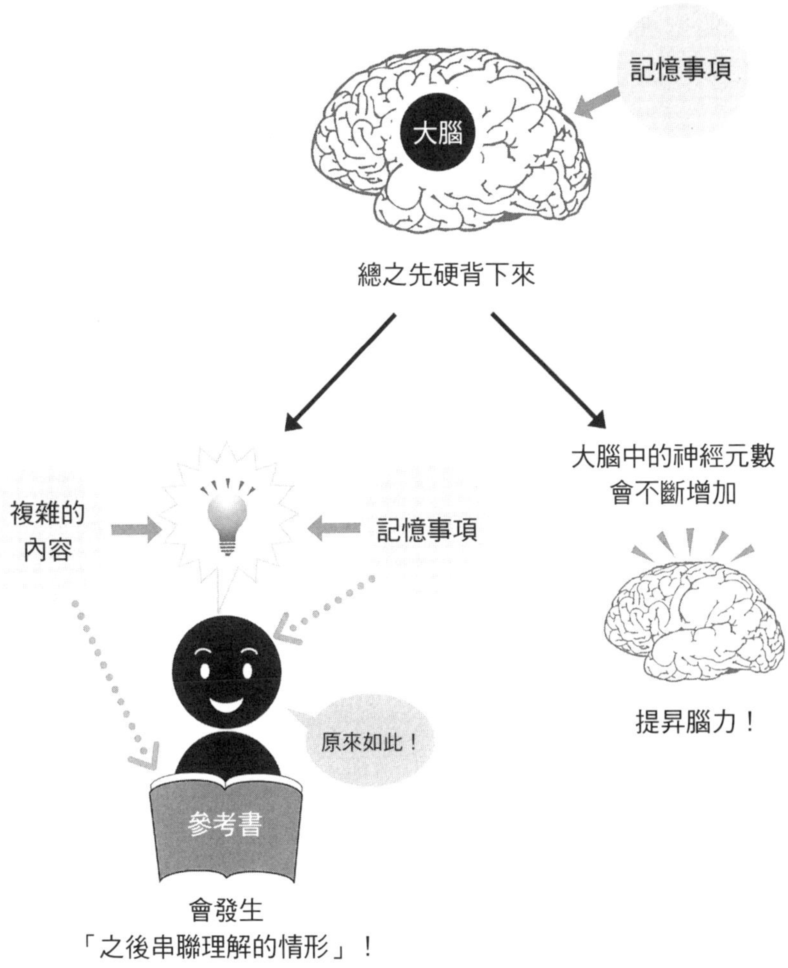
記憶事項
大腦
總之先硬背下來
複雜的
內容
記憶事項
原來如此！
參考書
會發生
「之後串聯理解的情形」！
大腦中的神經元數
會不斷增加
提昇腦力！

年紀的人也能做到。因為在背誦訓練的同時，大腦內的神經元數目會不斷增加，也就是所謂的「腦力」會達到一定水準以上的發展。

我是在二十九歲接受司法考試的時候，記憶力才急速向上提昇。

而且隨著不斷背誦內容，出現了「後來就能理解的現象」。我一開始在讀司法考試的會計學科目時，老師不斷提醒我們要「背誦」哪些部分，要我們就算不懂也要將內容死記硬背下來。

而之後也真的顯現出效果，熟記的內容都能夠連結成一整個體系，很簡單就能夠「理解」其中的道理。

日本前首相田中角榮，似乎也擁有完整背起有關行政的細微數據，及各部會公務人員長相和姓名的能力。所以在現實生活中，「熟記」這件事是能發揮極大效用的。

1吉田松陰：日本長州藩出身的武士，是江戶幕府末年的思想家、教育家、兵法家，名列明治維新的精神領袖及理論奠基者。

2馮紐曼：出生於匈牙利的美國籍猶太人數學家，現代電子計算機創始人之一。他在計算機科學、經濟、物理學中的量子力學及幾乎所有數學領域都有重大貢獻。

參考

針對背誦的反論和再反論

如果提出「死記硬背和完全熟記是好事」的意見，一定會有人舉出反論，在此舉出二個再反論的例子。

①現今搜尋系統發達，根本不需要熟背某些東西

雖然什麼都可以在網路上搜尋，但如果一開始沒擁有一定的知識，當然不知道該如何下手搜尋，而讓自己的能力受到質疑。

②知識時代結束了

或許會有「今後是比起創造傳奇的能力，擁有更高次元能力的人，才能在之後的時代獲得成功」這樣的意見產生，但是我認為死記硬背的知識和經驗都能夠在大腦裡產生關連性，激起某種「化學變化」，進而產生新的想法。

請相信死記硬背和完全熟記是好事，然後不斷親身實行。因為確實存在吉田松陰、愛因斯坦和日本前首相田中角榮，這些利用「死記硬背」能力的歷史人物。

5 完全熟記內容的超級技巧

稱得上真正在「背誦」的記憶方式

不知道各位有沒有試過來回幾次將單字念出聲，再稍微確認一下，以為自己記住的經驗？

就結果來說，這只是記得單字，而不是熟記單字，老實說有很多人把「要熟記」和「已經熟記」給搞混。

因此在這裡要介紹幾個真正稱得上是「熟記」的方法，以背誦英文單字的例子來做說明。

第一階段要把單字和中譯大略看過並記憶，接著將中譯遮住，測試自己是否可以光看英文單字就知道中譯，不能答出來的部分就做個記號，接著把有記號的單字再照這種

徹底記憶的超級技巧

背誦英文單字

第一階段

英文單字	中文翻譯

看過後背誦

英文單字	中文翻譯

確認自己能否光看英文單字就知道中文翻譯，不知道就打勾

英文單字	中文翻譯
V ■■■■■ V ■■■■■ 英文單字 V ■■■■■ ■■■■■	

再度挑戰打勾的單字，還是不知道就繼續打勾，持續這個步驟到全部單字都記起來為止

第二階段

英文單字	中文翻譯

確認自己能否光看中文翻譯就知道英文單字，不知道就打勾

英文單字	中文翻譯

再度挑戰打勾的單字，還是不知道就繼續打勾，持續這個步驟到全部單字都記起來為止

第三階段

英文單字	中文翻譯

將英文單字的順序重新洗牌，再進行第一階段和第二階段的動作

有效工具

正面	反面
Infinity	無限

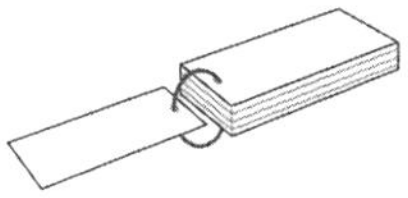

建議各位自第一階段就製作單字卡！

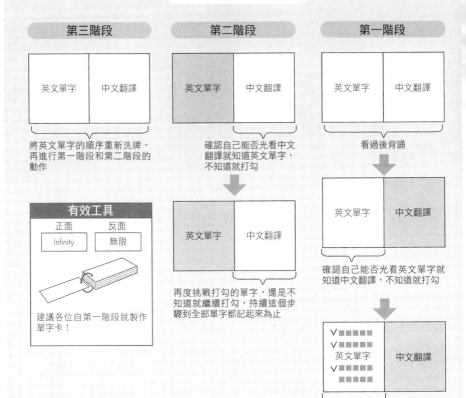

方式測試一遍，再將不會的地方作上記號，直到做記號的地方只剩五至六個，而且能立刻答出其他單字的中譯，就算是完成第一階段的工作。

接著是將英文單字遮起來，實行「只看中譯答出單字」的動作（第二階段）。

但最重要的地方是我以下要「提醒」的部分，在記得差不多的時候，將單字順序重新洗牌作些更改（第三階段）。這麼一來，就會接二連三不斷發生答不出中譯的情形。那是因為我們在記憶時，會連同順序和位置一起背誦單字。

在這種情形下，我要推薦的是使用單字卡來背誦的方式。雖然第三階段需要將單字卡順序更改，但是在那個當下就能夠從中劃分出「正確率低的單字卡」，以及「困難單字卡」，考前再集中複習。

還有就是睡前，把所有單字卡都看過一次後再入睡，因為睡眠時的忘卻率極低，在睡前確認背過的東西非常有效果。

實踐 儘量多做練習題！

等到該記起來的東西都徹底背好，接著再來拚命作題目對記憶成型是很有效果的。如果你是不擅背誦的人，或是背誦作業進行不順利時，也可以先挑戰練習題。

如果做同類型習題一段時間後感到有些厭煩，可以換別的練習題作答，總之要想辦法使自己充滿「幹勁」。

作答方式也和之前記憶英文單字的做法一樣，在不會的題目上做記號，直到所有做記號的題目都懂了，就結束這一部分的工作。因此最好先從收錄基礎問題的薄練習題本開始進行，如果是分「基礎篇」和「應用篇」的一般練習題庫，先將基礎篇的題目做個二至三遍，會比較有效率。

很多人會把「要熟記」和「已經熟記」搞混，一定要進行到第三階段，還有睡前要再確認一次，否則很難成功記憶。

6 活化大腦的方法

在大腦無活動力時讀書沒有任何意義

「為了考試，一天到底要花多少時間讀書？」相信許多人都被詢問過這個問題。但是探討這個問題實際上沒有太大意義，因為不管一天花多少時間讀書，重要的還是讀進去的內容。「只是讀過去完全沒進入腦袋」的典型例子，就是在讀書時產生睡意，邊斥責、提醒自己別打瞌睡邊讀書的狀況，因而有以下幾個負面效果產生。

①讀過的內容根本不會進到大腦

②認為自己「已經讀過」，進入「下一個應用階段」時，卻發現自己其實什麼都沒搞懂

③打瞌睡的睡眠品質很低，所以還是會殘留疲倦感

在交感神經作用時讀書

副交感神經發生作用
Z
Z
Z
睡眠時
交感神經發生作用
有的人能夠靈活轉換，有的人則無法靈活轉換
身體進行活動的午間等

那麼活化大腦時，到底是指怎樣的狀態呢？

交感神經作用時再來讀書

人類的身體在白天活動時，使身心感到緊張和活動力的「交感神經」會發揮作用，相反地在夜晚的睡眠時間，使身心放鬆以及壓制能量消耗的「副交感神經」會開始工作。所以在進行使大腦完全活動的讀書行為時，「交感神經」就必須展開作用。

有些人在早上起床後，交感神經能立即轉換，也有人無法立即清醒，繼續在負責睡眠狀態的副交感神經支配下，累積了疲憊感，而有這樣情形的人出乎意料的多。

能夠靈活轉換的人，一定要嘗試在早晨學習。另一方面，也一定會有「嘗試去做卻不順利」的人存在，這樣的人完全不用感到自卑，因為就算硬著頭皮繼續在早上讀書也是一件沒有意義的事。

實踐

早上讀書固然好，但還是要依個人情形做調整

在我剛進入舊日本長期信用銀行工作時，參加了當時的董事兼調查部長的竹內宏先生開的一門課程。在課程當中他說過這樣一段話：「我從年輕開始就在早上三點起床，每天趁著頭腦還清醒時學習。」因此竹內宏先生才能身兼《經濟學就在你身邊》等書作者的同時，成為知名的經濟學家。

最近書店裡有些強調早晨學習效果的書籍出現，老實說我也有挑戰早晨學習的經驗。一開始我是在早上三、四點起床，但因為真的很辛苦，實行不久後我就瞭解到，我在早上五、六點的讀書效果會比較好。

交感神經和副交感神經能否靈活轉換因人而異，無法靈活轉換的人不必因此感到自卑，因為在疲憊狀態下硬逼自己讀書也不會產生任何效果。

7 製造最佳時間

除了早起讀書，還存在其他有效率的讀書方式

前面說明了「不需要勉強自己早起讀書」的道理，這麼一來，應該會有「那要在什麼時候讀書呢？」的疑問產生，所以我在此提出三種方式給大家參考。

①將起床時間提早一些

這是為了可以稍微延後出門上班或上學時間的人所設計的方法，如果平常都是七點起床的人，可以改為六點起床，還是不行就改為六點半。如果能做到這種程度的早起，相信身體狀態也不會一下子差到哪裡去，這短短的一小時就能贏過夜晚的三小時。

我的女兒因為早上八點前出門即可，所以都是以六點起床、沖澡、氣功體操、百格

製造最佳時間三提案

①將起床時間提早一些

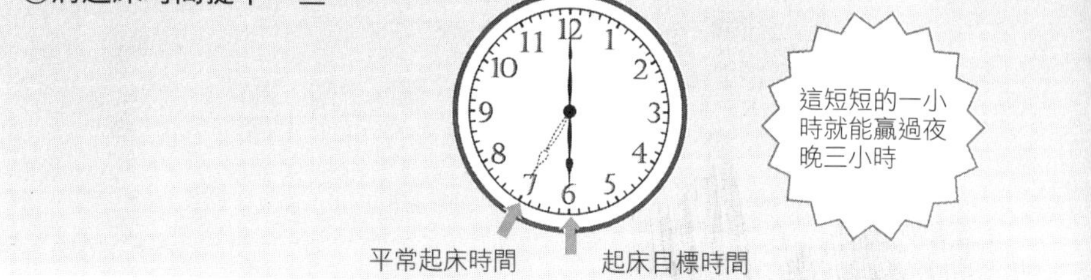
這短短的一小時就能贏過夜晚三小時
平常起床時間
起床目標時間

②運用在公司或學校的「空閒時間」

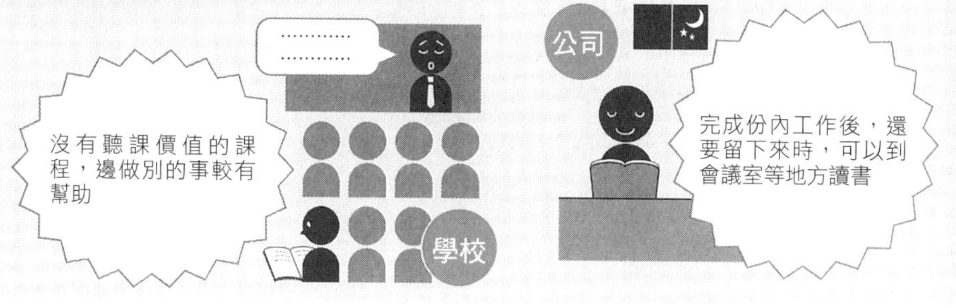
沒有聽課價值的課程，邊做別的事較有幫助
學校
公司
完成份內工作後，還要留下來時，可以到會議室等地方讀書

③回家後小睡20分鐘再開始讀書

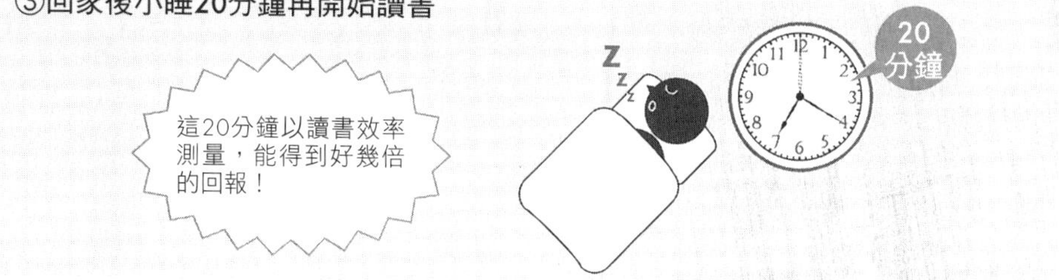
這20分鐘以讀書效率測量，能得到好幾倍的回報！
20分鐘

計算，這樣的流程讓她的大腦暖機，之後再做練習題。

②運用在公司或學校的「空閒時間」

短短的幾分鐘時間，不斷地累積就會成為一長串的讀書時間。需要在外奔波的業務人員，可以利用搭車的時間看書或是聽有聲教材；如果工作內容是完成份內工作後，還要留下來的人，可以躲到會議室裡頭讀書。

我認為在學校上課時，如果遇到「沒有聽課價值的課程」，就可以邊做別的事。我讀高中時，就會事先在生物筆記本寫上數學習題，在上生物課時就來解這些題目。

③回家後小睡二十分鐘再開始讀書

如果真的要回到家才有時間的人，先休息一下再來讀書比較好，那個時候可以使用「氧氣輸送器」，讓頭腦恢復精神。依我和女兒的經驗來說，休息時間在二十分鐘左右最適合。

建議

腦袋不靈活時就「補充睡眠」

經常聽到有人嘆氣說：「現在應該是大腦活動的最佳狀態，怎麼還是感到昏昏沉沉？」而我也常有這樣的經驗。

這是因為體內的疲勞大幅累積，當氣候變化，身體不適應時也常會有這種現象產生。但是像這樣無法控制身體不適的時候，還是要持續讀書進度，盡可能做些簡單的複習，或是練習一些難度較低的習題，不要打亂原本的讀書進度，這麼一來，大腦的活動力就會越來越好。

如果還是沒辦法提起幹勁，就放心去「補充睡眠」，但是把休息當作偷懶藉口，是絕對不被允許的。

這裡提出的方案是針對生活作息，應該還存在其他「製造最佳時間」的方式，如果能讓自己習慣這樣的時間運用方式，讀書效率也會大大提昇。

8 製作基礎計畫表①

「搞砸計畫」的原因其實很簡單？

相信本書讀者中，有很多人把入學考試或資格考試當作目標，下定決心要通過考試。但是就我過往的經驗來看，能夠「確實進行對考試有幫助的計劃」之人少之又少。

原因很簡單，就是「計畫中的讀書內容分量太多，和實際上能做到的量有一段差距。」我在高中時，也發生過相似的情況，當時認為自己「不能再這樣下去」，所以想要看清並解決當時的狀況。因此，我利用暑假這種「長期時間」，將所有要讀的教材全部擺在書桌上，估算讀完全部教材的總需時間，而這個步驟對之後製作基礎計劃表是很有幫助的第一步。

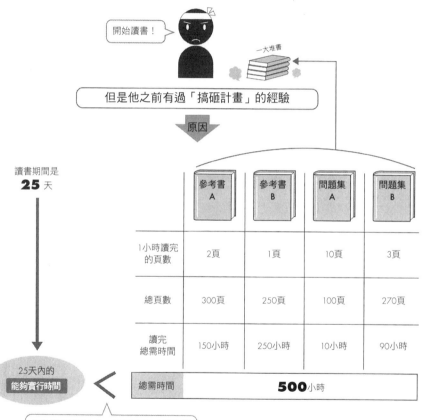

計算出讀完「必要教材」的總需時間

～以25天讀書期間為例～

但是他之前有過「搞砸計畫」的經驗

原因

	參考書A	參考書B	問題集A	問題集B
1小時讀完的頁數	2頁	1頁	10頁	3頁
總頁數	300頁	250頁	100頁	270頁
讀完總需時間	150小時	250小時	10小時	90小時

總需時間 **500**小時

讀書期間是 **25** 天

25天內的**能夠實行時間** < 總需時間

因為總需時間太多，1天需要20小時的能夠實行時間

「總需時間」比「能夠實行時間」來得多

舉例來說，桌上有本一百頁的問題集，假設一小時能做完十頁，全部解決就需要十個小時；依照這個方式，分別估計讀完其他參考書所需的時間。將所有「必要教材」的所需時間一一算出後，接著就是算出全部教材的「總需時間」。

假設總需時間為五百小時，將讀完所有教材的期間以日為單位，定為二十五天，那麼一天就必須要讀二十小時的書，這幾乎是不可能的事。但是很明顯地，總需時間比當時我所擁有的「能夠實行時間」看起來還長，這就是計劃失敗的原因。

實例 不曉得搞砸計劃的原因，而陷入自我厭惡的高中時期

以大學入學考試為目標的高中時代，在暑假這樣的長假前，我都會意識到「有很多可以讀書的時間」，所以購買了參考書，整個人充滿幹勁，但一直到假期快結束，參考書看起來都還是「全新」的樣子。然而下次放假前，我還是會下定決心「這次一定要做！」開始制定計劃，但都進行得不順利，陷入自我厭惡的情緒。

直到升上高三，驚覺已經沒有後路的我，才仔細思考我不斷「搞砸計畫的原因」。那時候我才終於發現，以往的計畫都在急於消化讀書量，過分減少睡眠時間，而且時間緊迫到連浪費三十分鐘都不行，用餐時也必須讀書，根本就是讓人體力吃不消的計畫。

意識到「有很多可以讀書的時間」，充滿幹勁訂定的計劃，幾乎都是「總需時間」多於「能夠實行時間」，要特別注意這一點。

9 製作基礎計畫表②

統整計畫中的「固定」事項

定讀書計劃時，重點在於計算出「總需時間」和「能夠實行時間」，那麼到底要如何計算能夠實行的時間呢？

接著，就讓我們一個步驟、一個步驟的製作基礎計劃表。

假設開始讀書的第一天是八月一日，最後一天為八月三十一日，首先要準備橫線報告紙和直線活頁紙交疊在一起，左頁依序寫下日期和星期幾，作出自己的預定表。

接著將課程和模擬考等事項，也就是無法自己決定作或不作的事項（＝固定事項）填入表中，以「早上　補習班課程　數學」這樣的方式把最優先事項全部寫進預定表。

基礎計畫表的製作順序①

①準備橫線報告紙和直線活頁紙

No
Date

8／1	五	早上 補習 數學
2	六	預備學校
3	日	搬家最後一天
4	一	
5	二	預備學校
6	三	
7	四	預備學校
8	五	
9	六	預備學校
10	日	
30	六	預備學校
31	日	

②畫2條直線，依序寫下日期和星期幾，作出自己的預定表

③在預定表上寫入無法自己決定作或不作的事項（＝固定事項）

先大概計算實行時間

A 不需要去預備學校的日子，一天有10小時讀書（10小時×13天＝130小時）
B 要去預備學校但因為放暑假，一天有8小時讀書（8小時×8天＝64小時）
C 週六預備學校上課時間長，一天只有2小時讀書（2小時×5天＝10小時）
D 週日認真讀12小時書吧！（12小時×5天＝60小時）

（A～D合計）264小時

從A～D中減去另外的「固定事項」時間和空白時間

E 1日早上要補習所以減去2小時讀書時間（－2小時）
F 3日是搬家最後一天無法讀書，所以減去12小時讀書時間（－12小時）
G 一週最少設定半天（大約6小時）的空白時間（－6小時×4週＝－24小時）

（A～D合計－E～G合計）226小時

④計算出能夠實行的時間

假設週二、週四和週六要去預備學校的情形

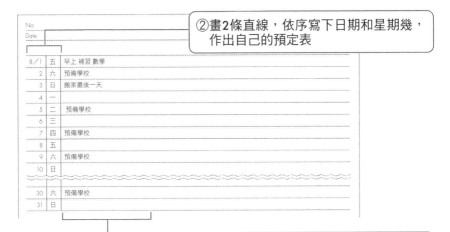

讀書總需時間—固定事項所需時間＝能夠實行的時間

把讀書期間的總需時間減去「固定事項所需時間」，剩下的就是「可以自由使用的時間＝能夠實行時間」。我是用所有能夠實行時間來計算，但也能依自己的情形來計算不同日子的能夠實行時間。

而且我還在預定表上設定一週最少要有半天的空白時間，這是為了預防那個星期發生意外事件的「補償時間」。

這麼一來在一定期間內「能夠實行時間」的總合就計算出來了，八月一日到八月三十一日總共有兩百小時，就算能夠非常專心讀書的人，現實生活中也會有些事要處理，所以這是大約的時間。

建議

計畫表能扼阻讀書時的不專心

工作忙得不可開交的人可能會有「花費力氣去作了計畫表能達到效果嗎？」等疑問產生。但是對那些一天只有一小時能讀書的人來說，這樣的計畫表也一定有效果，因為它能夠「扼止讀書時的不專心」。

人們會隨著當天心情選擇讀不同參考書或問題集，就稱作「讀書時的不專心」。如果事先作好基礎計畫表，因為已經嚴選過必讀的課題，營造出要照著計畫實行內容的環境，還能排除當天要實行計畫前「猶豫不定」的時間。

基礎計畫表可以防止善變的心情，還能排除當天要實行計畫前「猶豫不定」的時間。

10 製作基礎計畫表③

突破重重辛苦「步驟」，基礎計畫表終於完成

既然已經瞭解讀書時的「總需時間」，一定比「能夠實行時間」要長，接下來就必須進行減少總需時間的「第一步驟」。先將「想要完成的課題」中，優先程度最低的幾個排除在外，再用剛剛介紹過的方式來計算「總需時間」，有很多時候，在去除不必要的課題後，還是需要三百至四百小時。以一〇七頁為例，能夠實行時間約為二百小時，這樣的話，時間還是不夠。

雖然這個作業過程非常艱困，但還是要接著進行「第二步驟」。也就是將上一次列出的課題，再次篩選想讀的，編入能夠實行時間，並將優先程度低的課題除去。這麼一來，只有真正重要的教材及課題，因「能在期間內實行完畢」而留下來。

基礎計畫表的製作順序②

接續第107頁

⑤嚴選課題控制「第一、第二步驟」中的能夠實行時間

⑥將各個課題列記在表格上方，並在每個課題旁畫上直線

No

Date

			憲法基礎書	憲法問題	民法基礎書	民法問題	刑法基礎書	刑法問題
8／1	五	早上 補習 數學	2	1	2	1	1	1
2	六	預備學校		1		1		
3	日	搬家最後一天						
4	一		1		1		1	1
5	二	預備學校	2	1	1	1	2	1
6	三		1	2	2	2	1	2
7	四	預備學校	2	1	2	1	1	1
8	五		2	1	2	2	2	1
9	六	預備學校			1		1	
10	日		2	2	2	2	2	2
30	六	預備學校	1		1			
31	日		2	2	2	2	2	2

⑦寫入各個課題一天的讀書時間

⑧每讀完一個課題，在數字上頭用螢光筆上色

重點

一週最少要設定半天（大約6小時）的空白時間，以這個例子來說，為了在週一設定6小時空白時間，所以將一天10小時的讀書時間縮減為一天4小時作計算

～這樣就完成了基礎計畫表！接著只要照著上面的內容讀書！～

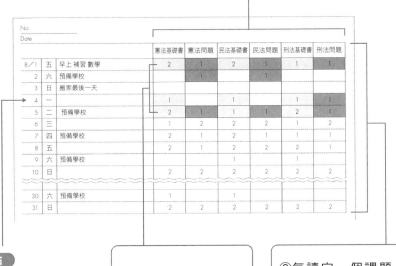

完成以上步驟之後，接著就是依照目的分配每天的時間。先將各個課題列記在剛剛的預定表，在每個課題旁畫上直線，那麼就會和寫有日期的地方區隔，完成行列式的行程預定表。

譬如八月一日的「憲法基礎書」項目欄內寫上2，「憲法問題」寫上1，這些數字代表的是讀書時間，也就是憲法基礎書讀二小時，憲法問題讀一小時。

這裡要特別注意「一天之內不要長時間讀同個科目」，因此讀憲法基礎書的二小時最好也分成一次一小時。每讀完一個課題，可以在數字上頭用多種顏色的螢光筆上色，不僅能掌握讀書進步狀況，還能依顏色劃分科目，瞭解各個科目的讀書進度。

建議 基礎計畫表的其他功用

當你完成基礎計畫表上的當天課題，恭喜你就可以無罪釋放，剩下來的時間可用來喝喝小酒或是聽聽音樂，自在地做你想做的事。

如果事前沒有決定好要讀的課題，之後還是會覺得「是不是應該再多念一點？」內心感到愧疚不安，喝酒也不會覺得好喝，但是照表操課的成就感和充實感卻會讓人感到格外興奮。而且每天達到目標後的成就感，可說是非常充分的「自我獎勵」。

就大腦科學的觀點來看，只要常常看到自己努力的讀書足跡，就可以達到充分的複習效果。

完成每個基礎計畫表上的課題後，可以依自己喜好運用剩餘時間，而且每天確認自己的達成度也能成為「對自己的獎勵」。

11 實踐三循環讀書法

「長期」、「中期」、「短期」的三循環理想計畫

介紹完基礎計畫表的做法後，接著就重點部分做更具體的說明。

假如離考試日期只剩三個月，或是只剩一個月時要怎麼定計畫表？

有各式各樣的情形會發生，但我奉勸各位要有「至少可以來回讀三遍」的想法，而且循環的期間又可分為「長期」、「中期」、「短期」的三段方式（要做到滴水不漏的話，可以在考前再加上「最短期」）。

如果只剩三個月的讀書時間，「長期循環」可定為兩個月，「中期循環」三星期，最後剩下的九至十天則為「短期循環」，將內容讀過好幾遍，接著在考前一天再將內容快速看過一遍。

有限時間內」的三循環讀書法

～假設還有3個月讀書時間～

No

Date

			憲法基礎書	憲法問題	民法基礎書	民法問題	刑法基礎書	刑法問題
8／1	五	早上 補習 數學	2	1	2	1	1	1
2	六	預備學校		1		1		
3	日	搬家最後一天						
9／29	一		1	1		1		1
30	二	18：00～21：00 預備學校	2		2		2	2
10／1	三		2	1	2	1	2	2
2	四	18：00～21：00 預備學校	1	1	2	1	2	1
10／21	二	18：00～21：00 預備學校	2	1	1	1	2	1
9	三		2	2	2	1	2	1
9	四	18：00～21：00 預備學校	1	1	2	1	2	1
29	三		2	1	2	1	2	1
30	四	18：00～21：00 預備學校	2	1	2	1	1	1
31	五							
11／1	六	考試當天						

第一次循環
長期循環
（2個月）

第二次循環
中期循環
（3週）

第三次循環
短期循環
（10天－1天）

考試前一天將全部內容看過一遍

※因應期間長短，有時候需要1張以上的活頁紙範圍

三循環讀書法的效用

❶ 第一次循環是學習，第二、第三次循環則是複習，能夠完整記憶起內容

❷ 三循環讀書法能夠掌握整體架構，而且能將各個片段知識連結成體系

我在準備司法考試的選擇題考試時，就訂定了從新年開始到五月的讀書計畫。

選擇題考試包括「憲法」、「民法」、「刑法」三個科目，我先以各科的參考書和考古題為主，訂定一月至三月，三個月的「長期循環」讀書計畫。

接著將三個月來讀過的內容，以四月整整一個月的時間做記憶成型的「中期循環」，進入五月後離考試還有十多天時為「短期循環」，也就是完成階段的第三次循環，然後在考前一天將看過三次的內容，快速地看過去，結束讀書計畫。

這個方法出奇的有效，儘管我是在前一年的十月才開始準備考試，但是五月的選擇題考試，我就獲得合格成績（雖然申論題考試沒過，但我獲得總成績七等級中的B評價）。隔年到各大補習班參加考前模擬測驗，我都能得到前十名，申論題考試和口試階段最後也都順利通過。

參考

三循環讀書法的二個效用

接著要來說明三循環讀書法的二個效用。

效用① 能使大腦中的記憶完整保存

將內容讀過三遍後，大腦很容易就將內容記起來。第一次為「學習」，之後的第二次和第三次則為「複習」，能讓記憶效果更上層樓。

效用② 能產生相互理解作用

三循環讀書法能將腦中分散的記憶以及理解的事情，產生相互連結關係。

從參考書的開頭學習，偶爾穿插小考，過了一年就接近學習尾聲的教育系統，是無法完整觀察學科的整體架構，也看不出學習「體系」。

考試委員和出題者都喜歡設計「是否瞭解此科目體系內容」的問題，我就是以三循環讀書法，從前年的10月開始讀書，隔年5月的選擇題考試就獲得合格成績。

12 活用右腦的效果

利用視覺讓記憶效果倍增

人類的大腦可分為左腦和右腦，雖然近年來兩者的功用經常被拿出來討論，右腦掌管影像和感官功能，左腦則管理我們的語言活動及邏輯思考。

最近右腦功用逐漸受到注目，所以有很多使用右腦的讀書方法出現。其中大多打著「會產生令人意想不到的成果」這樣的噱頭，雖然現在這個風潮依舊盛行，但也有很多人已經開始厭煩一直強調「右腦有多神奇」的話題。

我無法反駁在一片稱讚右腦的讚賞聲中，有人產生懷疑的想法，和右腦有關的「照像式記憶」效果是事實，而這樣的記憶方式也確實非常有用。

人類的眼睛會在沒特別注意的狀態下，將許多資訊視覺化後輸入大腦，所以一定要

右腦的功用和進行活化的情形

右腦和左腦分別在這種時候活化

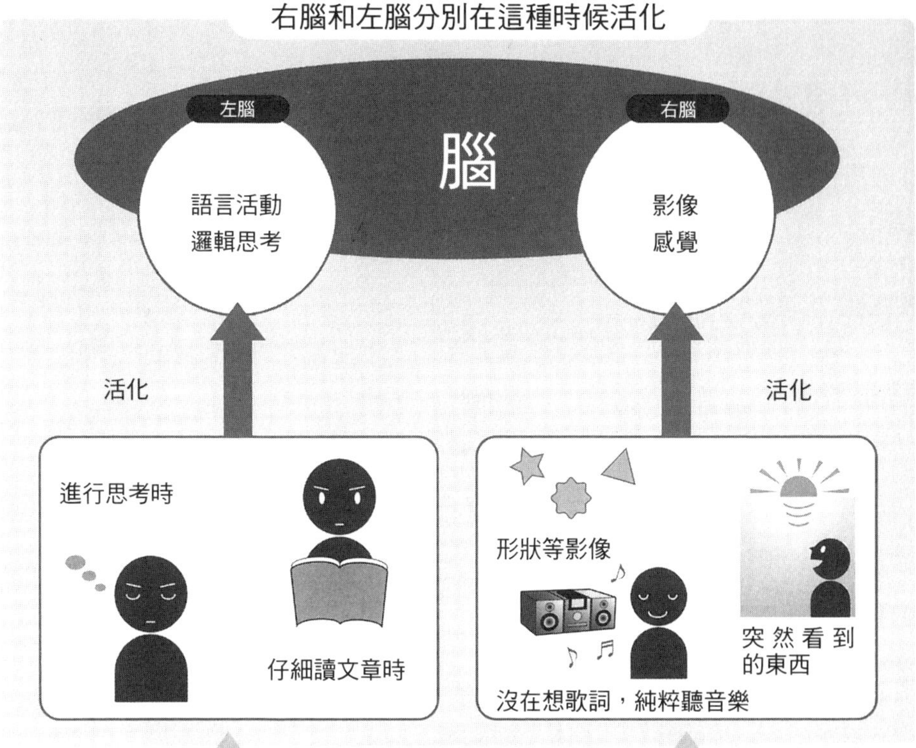

另外

欣賞風景畫時「不作任何思考」能夠活化右腦，「思考導覽內容」則能活化左腦。

好好利用這一點。像本書一樣的圖解書籍，會將文字轉換成圖片，這就是讓右腦進行活動來幫助記憶為目標所發行的刊物。

右腦接觸到「突然看到的東西」和「形狀」等影像，或是「沒在想歌詞，純粹聽音樂」時進行活化。相反地，左腦則是在「仔細讀文章時」和「進行實際思考時」，也就是在工作和讀書時進行活動。

經常聽到「日本人的左腦疲憊」這樣的話，因為他們在聽音樂時一面使用左腦來思考歌詞意義，就連欣賞風景畫時也要用左腦來思考導覽內容，日本人還真是喜歡造詣高深的生活啊！

如果能時常產生要鍛鍊右腦的想法，讀書效果會更上層樓。

參考

文字也能靠右腦視覺化

近年來的研究報告顯示，「文字只能傳達出一個資訊七%的內容」。

那是因為我們看純文字小說時，會在腦中勾勒畫面，這可以說是吸收知識後產生影像的結果。

就算作者沒提及主角長相，讀者還是可以自行想像主角的面貌。

如果真是如此，比起讀全部視覺化的漫畫，閱讀文字更能鍛鍊我們的右腦活動力，而有聲教材也比DVD更適合用來訓練右腦腦力。

使用右手能夠增進左腦活動力，使用左手則能增進右腦活動力，這是很有名的理論，所以儘量同時使用雙手，大腦的活化程度也能夠達到平衡狀態。

13 善用視覺掌握能力

使用電子辭典不如使用字典

使用既有教材來活用「右腦」，提昇讀書效果。

首先就是「使用電子辭典不如使用字典」這一點。

最近常常看到學生們在使用電子辭典，但我一點都不覺得這種行為值得稱讚。我想應該有很多人在使用英文字典或是《六法全書》時，有過那種「翻了好幾次就記起來」的經驗。

翻開英文字典時，不僅能看到自己要找的單字，還能在同一頁自然地「一覽」其他單字，只要查一個單字，這一整面的單字無形中就能達到活化右腦的功用。在多次翻閱自己要找的單字過程中，自然而然也會記起這些單字是在字典的哪個位置（具體來說像

紙本字典讓右腦容易記憶內容

～紙本字典的情形～

翻開劃線和做記號部分，能在右腦浮現那部分內容的一覽表
查閱一個單字就會自然一覽到其他單字
常查閱的單字不只能記起內容，連「字典裡的位置」都能記得

左右頁面形成「一個視覺影像」刻印在右腦裡

是「左頁右下角」等）。

只要翻開紙本字典，左右頁面自然就會進入視野範圍，因此形成「一個視覺影像」刻印在右腦裡。在頁面上做記號的話，只要翻開那個部分，就能在右腦浮現那部分內容的一覽狀態。

在我準備大學入學考試時，英文單字集連一遍都沒讀過（正確來說應該是沒看完），遇到較長的英文閱讀問題，不懂的單字我會先猜意思繼續讀下去，之後再利用字典查詢那些不懂的單字，背誦整篇文章。也就是說，藉由不斷地翻閱字典，讓單字的記憶在大腦裡留下來。

這些乍看是在繞遠路的學習方法，實際上人類的右腦本來就有「掌握一覽性的能力」，只要好好利用，使用右腦來增加學習效率並不難。

實例 司法考試時掌握視覺力幫了大忙

我在準備司法考試時，模擬考只能使用公認的《司法考試六法全書》，這本《司法考試六法全書》和正式考試時，經司法考試委員認可準備的是同一本。

當時我一星期接受四次模擬考，因此常常翻閱《司法考試六法全書》，最後居然記起「常使用的條文是在六法中的哪個部分」、「左右兩頁的哪個地方」以及「位於上半部還是下半部」，連其周邊的大部分條文也都能記起來。

紙本字典能夠使用到左右腦來記憶內容，將手邊的電子辭典當作備用品，儘量多使用紙本字典。

14 二階段標示法

最近的參考書，都屬於平易近人的讀物。但是不管大學入學考試或資格考試的參考書，都一定會走上「網羅所有科目內容」的宿命，先不論預備學校的教材，依體系編排的參考書是不能只將「命題機率高」的部分編排進去，因為這樣的作法會使讀者不瞭解整個理論的來龍去脈。

為達目的，一定要盡最大可能活用我們的參考書，因此我們必須對自己使用的參考書做些加工，而加工方式就以我二十多年前開始使用的「二階段標示法」來做說明。

以法律書籍來說，「二階段標示法」將說明「定義」、「結論」、「理由」、「判例」等地方，以不同顏色畫線，畫完線後再將其中特別要記住的幾個關鍵字劃分為一個個小區塊，以螢光筆和蠟鉛筆（有像蠟筆一樣柔軟的筆芯，紙捲筆身的文具）上色。

二階段標示法

—— 以法律條文為例 ——

以～～～ 定義 ▬▬ 結論 ▬▬ 理由 —— 判例 的區分方式畫線

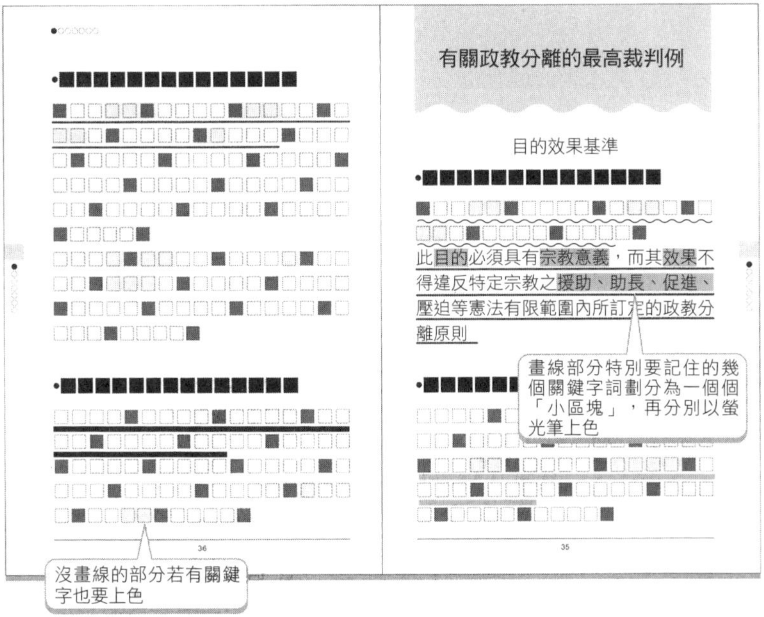
有關政教分離的最高裁判例
目的效果基準
此目的必須具有宗教意義，而其效果不得違反特定宗教之援助、助長、促進、壓迫等憲法有限範圍內所訂定的政教分離原則
畫線部分特別要記住的幾個關鍵字詞劃分為一個個「小區塊」，再分別以螢光筆上色
沒畫線的部分若有關鍵字也要上色
36
35

舉個例子來說，「此目的必須具有宗教意義，而其效果不得違反特定宗教之援助、助長、促進、壓迫等憲法有限範圍內所訂定的政教分離原則」（有關政教分離的最高審判例，其目的效果基準的記載），我先將「判例」標題以藍色鉛筆畫線，接著將「目的」、「宗教意義」、「效果、援助、助長、促進、壓迫」等處以黃色蠟鉛筆塗色。

這麼一來，看到這個地方，就能馬上得知這是判例，並很快地找到關鍵字，而這部分的整體內容也能因此記在腦中。

實例 過了二十年也不會消失的影像記憶

實際上，剛剛寫到「此目的必須具有宗教意義……」這一段內容時，我完全沒有翻看憲法的參考書，經由右腦輸入的影像內容，經過二十年，就算再以文章形式輸入腦中，都可以回想起參考書頁面上的影像。

這個二階段標示法在我女兒準備中學考試時也發揮極大威力。緊接而來的理科和社會科的「分組測驗」，在剩下不到一個月的準備期當中，實行「二階段標示法」，與其他讀滿一年課程的學生相比，約在全班三十位學生中排進前三名。

為達目的就要活用到最大限度，所以在自己使用的參考書上做些加工來幫助記憶，其中一種有效方式就是二階段標示法。

15 活化右腦的技巧

養成增加右腦活動力的習慣

利用右腦的讀書方式，確實比單純只用左腦思考的方式來得有效率，而且科學會繼續往細部追究證明下去，既然左右腦各有不同的功用，均衡利用兩邊的能力來輔助讀書，一定會更有效率。

活化右腦時，我有設定一個自己的原則，「活化右腦時儘量不要用到左腦」。語言活動、邏輯理解以及推論等需要使用左腦的活動時，不適合同時進行活化右腦的行為。

以下就我個人嘗試過的「活化右腦方法」來做些介紹。

①欣賞畫作或設計等作品時，不要思考它背後的意義，純粹用眼睛看就好

觀看3D照片或是調諧指示器等，能夠調整眼睛焦距的圖片或是立體物，而且在看

莊司雅彥的活化右腦技巧

①欣賞畫作或設計等作品

看「對視力有益」的有名3D照片和調諧指示器

在看的同時最好不要思考其他事情

②聆聽冥想CD

③聽沒有歌詞的音樂

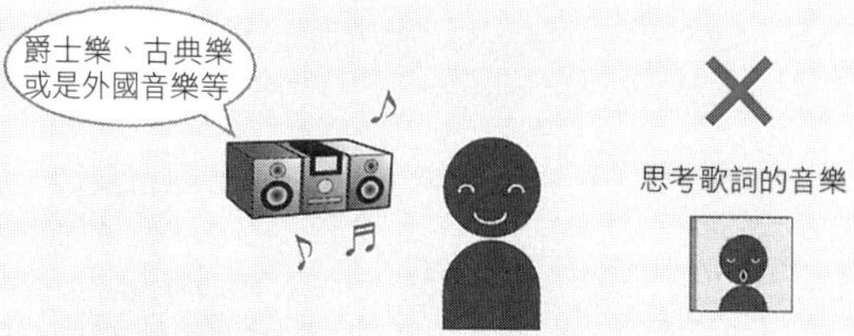

的同時最好不要思考其他事情。

②聆聽冥想CD

就算是短時間也沒關係，每天至少花一點時間聆聽「冥想CD」，不僅可以消除腦袋中的疲憊感，大多數冥想CD的音樂都可以喚起大腦的視覺影像，能用來訓練將思考轉換成影像的能力。

③聽沒有歌詞的音樂

不管是爵士樂、古典樂或是外國音樂，不思考歌詞只聽音樂，以自己喜好一直反覆地聽下去是不錯的選擇。

還有很多其他可以「活化右腦的方法」，只要以「不要想得太難＝不使用左腦的手段」為基準來思考，各位可以依自己的情況更改變化。

建議 莊司雅彥的活化左腦技巧

在此要來介紹增進左腦活動力的技巧。

前面介紹過的「百格計算」能夠活化左腦，市面上也有像是夏普公司（SHARP）推出的「訓練計算能力的計算機」等，一千日圓就能買到，而且能夠隨時進行計算，訓練左腦的活動力。

更普遍的、訓練左腦活動力的方式則是「追根究柢」方式，促進大腦常常思考「為什麼？」就算搞錯也沒關係，以某個主題為前提，思考接下來的理論發展，在日常生活中不斷訓練這樣的邏輯能力，這就是很好的左腦訓練方式。

左右腦的功能完全不同，好好地運用必定能達到最佳效果，只運用左腦來讀書不能完全記憶，還是要積極地活化右腦。

16 充分利用五感讀書

使用眼、耳、口、手、鼻讀書

人類的五感就是指「視覺」、「聽覺」、「味覺」、「嗅覺」和「觸覺」這五項，在此要以「五感」來代表「眼、耳、口、手、鼻」進行說明。

如果要各位想像自己讀書的樣子，大家眼前會浮現怎樣的景象？

我想大部分的人都會想像自己以「眼睛」看參考書，以「耳朵」聆聽上課內容，以及使用「手」拿起筆作筆記等方式。

那麼使用「口」的讀書方式為何？就是「教導他人」。我在司法考試合格後，曾有一段教導司法考生讀書的經驗，為了拿出所學，傳授知識給具有相當實力的學生，我必須比他們努力好幾倍準備才行。

使用五感（眼、耳、口、手、鼻）讀書？

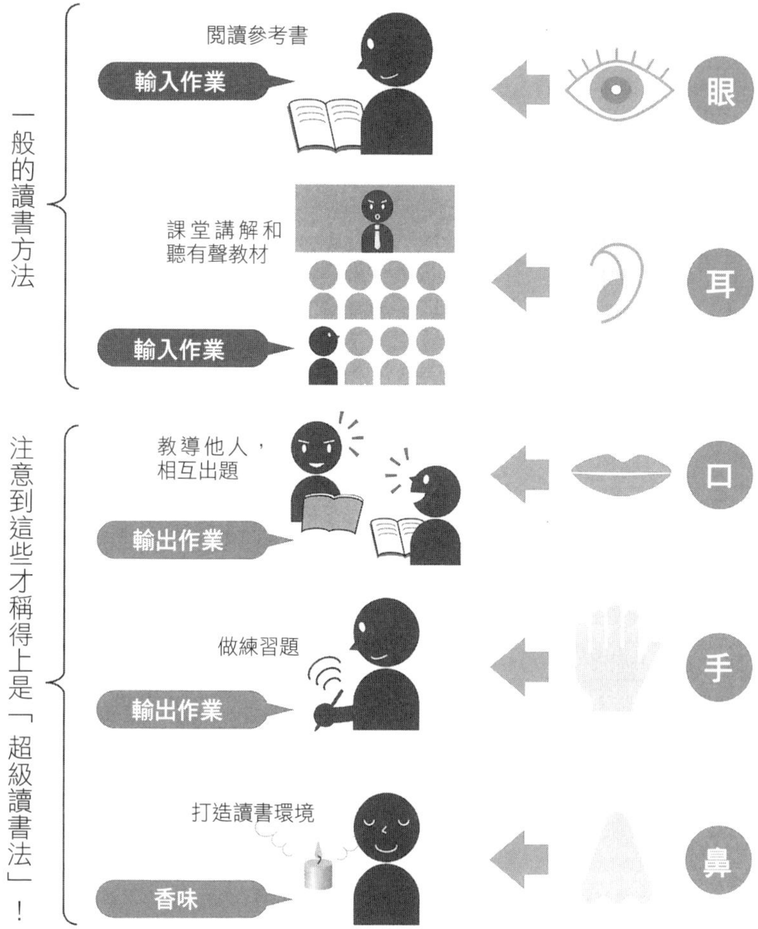

這個時期的我，透過這個「教書」經驗，把之前不甚瞭解的部分重新理解，記憶不完全的地方也再一次複習，讓記憶完全進入大腦。

只是「請你現在馬上去補習班教導學生讀書」是不可能的一件事，所以和學習夥伴相互出題考對方就是個不錯的做法，如果沒有一起讀書的夥伴，可以請另一半或是父母、兄弟姐妹擔任聽眾。

使用口來進行向外輸出的活動，當然也能使用手來進行知識輸出，也就是動手「解題」。讀書時不僅要吸收知識，如何向外表現也是很重要的部分。

而使用「鼻」的讀書方式又是什麼？就是利用「香味」輔助讀書。需要集中精神時，就使用檸檬或是薄荷香味，想要放鬆心情可以使用薰衣草等香味，對於「精神昂揚地讀書和放鬆心情的睡眠休息」也有很大的幫助。

建議

別把「輸出作業」和「讀書」混為一談

說明「輸出作業」的重要性之後，為了不讓大家產生誤解和混淆，所以來解說一下「輸出作業」和「讀書」的不同。

請想像自己讀國高中時的情景，班上是否存在著非常熱中於「整理筆記」的人，但這些同學卻沒有一個人成績有進步，原因是「他們根本沒有在『讀書』」。

「讀書」指的是「理解」、「記憶」以及「摸索」等大腦活動，但是美化筆記這件事，基本上不使用到大腦，所以不能說是讀書，如果讀者認為上述內容有道理，就趕緊將輸出作業時間和讀書時間做些調整。

以往的讀書法大多偏重輸入作業，但是若要參加資格考試或入學測驗，也要多做問題集或進行考生之間的Q&A問答等輸出作業。

17 善用有聲教材

有聲教材好處多多，請同時在上課時好好活用

接著說明五感學習中的耳朵，也就是「聽覺」效果。先撇開英文聽力的部分，我認為其他領域的學習，都過分輕視「聽力學習」的效果。

我認為使用者的理由是「只要去上補習班課程就足夠了」，而補習班業者則是擔心「有聲教材大量出版後，說不定來補習的人數就會銳減」，所以一致同意這樣的做法。

但是我一直都相信「有聲教材和去補習班聽課有截然不同的效用」。

關於有聲教材的優點都整理在下頁，我在準備司法考試的頭一年，幾乎都是靠有聲教材的錄音帶來學習內容，再接受模擬考試的，當時補習班有販賣前一年課程的錄音帶，我挑選了適合自己的部分，依循出題範圍，靠著文字版的參考書加上錄音帶來準備

有聲教材的優缺點

優點

① 不同於上課，「無法集中精神時可馬上停止」

② 不同於上課，就算遇到感冒等突發事件，也可以回頭再聽內容

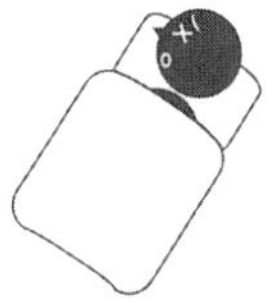

③ 可以每天聽，超前讀書進度，也能夠集中在週末聽

④ 不管何時何地都可以聽，配合風景做連結，記憶效果加倍

⑤ 有一說是只憑靠聽覺記憶，比單純視覺記憶更能促進大腦活動

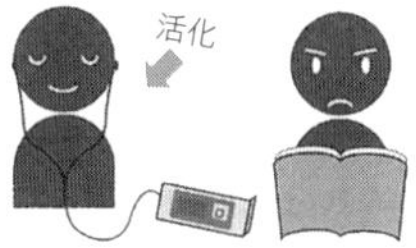

缺點

只憑有聲教材讀書，可能會有意志不夠堅定，無法持續下去的情況

模擬考試。

此外，一直坐在書桌前對讀書產生厭煩時，我會攜帶隨身播放器到附近的公園走走，晴朗的天氣不僅能轉換心境，在愉悅心情下聽到的內容也更能夠留在大腦裡，還能把公園裡的風景和憲法做連結，產生加深記憶的效果。

但是有個部分要特別注意，「只使用有聲教材」，是不具學習效率的事。如果只以有聲教材學習，可能出現意志不堅而無法持續的情形。所以我強烈建議那些無法去補習班上課的讀者，至少要去接受模擬考試。

參考 手動個不停的天才數學家

前面提到「使用手來進行輸出作業的重要性」，而天才數學家高斯（Johann Carl Friedrich Gauss）*就是那個實踐者。他雖然是位名副其實的「大學者」，卻絕對不聘用計算助手（當時計算機還未發明，大多數的數學學者都會僱用計算助手來進行計算）。

有人問高斯為何不雇用計算助手，他是這樣回答的：「就算是單純的算數，還是能有新發現，所以我認為計算作業是很重要的。」

有些考生遇到不會的題目就不動手計算，但是動手計算是很重要的部分。

*高斯：德國著名數學家、物理學家、天文學家、大地測量學家。高斯被認為是最重要的數學家，並有「數學王子」的美譽。

市面上很少看到語言有聲教材以外的產品，所以不妨將課程內容、口述參考書重點，以及Q&A問答錄音保存下來，自製有聲教材幫助學習。

Column 如果你有一百萬會怎麼使用？PART❷

學到的知識永遠不會消失

現代社會中的「物質資產」，是非常曖昧、不安定的。

就算繼承了龐大財產或公司資產，自己也累積了不少財富，但若是遇到過度通貨膨脹，無法順應時代繼續經營公司時，這樣的物質資產就沒有任何存在價值。

如同堺屋太一以及彼得．杜拉克曾在書上所提，未來的社會是「知識社會」，唯有「以知識智慧活動者」才能在社會上出人頭地。現在盛行的科技新貴，擁有偌大的工廠，卻沒在工廠中看到大量員工，還是可以在短時間內製造出巨大財富。

也就是說，以前那個時代，如果沒有生產設備等硬體資產，是無法賺大錢的，很幸運的是，現在是只要擁有「知識和智慧」，就能以些許物資創造出巨額財富的「機會時代」。

當然「創造出巨大財富」並不等於「滿足的人生」，創造財富不過是其中的一種可能，而「知識和智慧」則是現代社會中，為了得到「滿足人生」的必要且唯一武器。

之前也有提過，我平常不加班、假日也不工作，分秒必爭、能以比一般律師工作速度的十倍來解決案件，雖然過著這樣充實的生活，但我還是持續不斷的學習新事物，總而言之，就算平常要工作，只要巧妙地管理自己的時間，在兼顧工作、保有收入來源之餘，也能更加充實自己的知識面和工作技能。

成為社會人後首次發現讀書的重要性

老實說，以前的我不認為所有的知識都有用，我高中時對數學和生物等科目的學習抱有質疑，總覺得這些對將來一點幫助也沒有，頂多只是為了通過入學考試才去讀。

但是我出社會後，在銀行及投資公司工作，到後來成為律師累積了社會經驗，我的想法開始改變，我意識到以前在學校學習的一切都是有用的知識。

特別是數學，我以前總傲慢地認為這是對工作的人來說最無意義的一門科目，但這個想法在後來有了一百八十度的翻轉，不僅在金融和經濟學的領域上需要常常使用數學公式，在美國的法律學科亦有發展成熟的「法律與經濟學」領域，所謂的個體經濟學*知識（微積分等數學知識）就是其中的必備學科之一，雖然我國的法律解釋學還沒有達到那樣的階段，但還是需要用到數學來為理論佐證。

我非常喜歡小孩，也喜歡教導孩子怎麼讀書（＝傳授知識和智慧），身為教育者，我必須擁有一定的「知識和智慧」，才能深入瞭解並分析當中的奧妙所在，使孩子快樂地學習。我一想到那些孩子學到了知識和智慧後，將來在社會上活躍的樣子，就感到非常興奮與期待。

*個體經濟學(Microeconomics)：有時也被稱為價格理論(Price Theory)，主要研究個體消費者、企業，或者產業的經濟行為，及其生產和收入分配；而總體經濟學（Macroeconomics），是使用國民收入、經濟整體的投資和消費等總體性的統計概念來分析經濟運行規律的一個經濟學領域。總體經濟學是相對於古典的個體經濟學而言的。

第3章

實踐意見篇

第三章要介紹「快速學習法之基礎技巧」和「選擇最佳輔助學習道具」這兩部分，「快速學習法之基礎技巧」的前半部是以我的經驗整理而成，其中包含「英文、法律、會計、經濟」的學習方法，後半部則是就女兒的念書經驗，針對中學考試的必要科目「國文、數學、理科、社會」所介紹的學習方法。「選擇最佳輔助學習道具」則是我挑選輔助學習道具時會特別注意的重點，包括文具用品、攜帶式播放器、速讀軟體和冥想CD等，介紹實際使用過的寶貴物品，當中也有以圖片做說明的部分，請各位參考。

1 快速學習法之基礎技巧 英文篇

在知識社會中必備的英文「讀寫能力」

如果要學習英文，我推薦的方法，就是「重視讀寫能力勝於會話能力」。

以我這個沒出國念書和也沒海外工作經驗的人來發表這樣的意見，應該會受到不少責罵，但我之所以會有這樣的想法，是有根據的。

網路將世界連結在一起，網際網路環境也日益發達，全世界網路所使用的語言，有七成以上都是英文，而且基本上來說，利用網路蒐集情報或發布資訊，大多只需要用到「讀寫能力」。

因此要蒐集全世界的資訊或是發布消息，必備的技能就是「英文讀寫能力」，電子郵件也需要用到讀寫能力。如果要和外國人溝通意見，首先想到的一定是英文，特別是

學習英文的重點在於讀寫能力

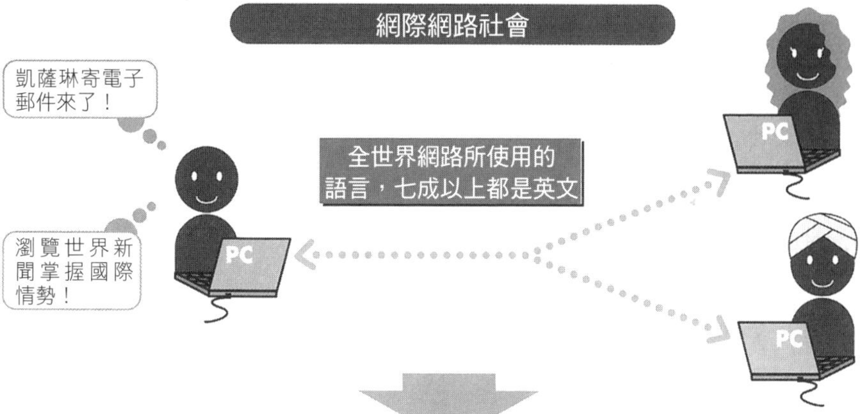

「英文讀寫能力」是在未來社會生存必備的技能

閱讀訓練

讀某一個自己熟悉領域的書籍

看外國電影的DVD時，把字幕和聲音都調為英文

書寫訓練

英文能力訓練軟體

將聽到的內容書寫下來

現在正進入知識社會階段，如果看不懂網路上的英文，對個人實務經歷將會是個很大的不利條件。

基於上述理由，我才會說「英文讀寫能力」是在未來社會生存的必備技能。因為考試而訓練讀寫能力的人，只要再稍稍「增強英文能力」，就能達到一定程度。我在大學考試過後的近三十年，過著和英文毫無關連的生活，我是在四十六歲時報名TOEIC考試，也是在那段準備期間修復我的英文能力。

總之，念英文時要先注意到「閱讀」能力，再來是「書寫」能力，之前也曾提到，如果看不懂英文，幾乎無法在其他地方獲得知識。

實踐

訓練英文的「閱讀」、「書寫」能力

所謂的「閱讀能力訓練」，就是去讀某一個自己熟悉領域的書籍，如果本身擁有一些基本知識，讀原文書會比較容易瞭解，或是找已經讀過中文譯本的原文書來閱讀也可以。

看外國電影的DVD時，把字幕和聲音都調為英文也有卓越的效果，可以試著在Amazon之類的外國網站，直接搜尋、購買書籍。

英文書寫部分我推薦的是英打訓練軟體，因為是讓學習者邊聽邊打字的聽寫訓練，能培養一定的英文書寫能力。

有在看英文報紙的人，可以特別注意國內也有報導的同樣事件，以降低對英文的恐懼感。

2 快速學習法之基礎技巧

法律學篇

只要掌握重點，法律一點也不難！

就算是不參加司法考試的人，也需要對法律有一定程度的瞭解，因為許多的資格考試都會把「法律」定為必修科目。

我接觸過許多證照考生，從他們身上我得到「在法律這門科目，擅長者和不擅長者之間是有界線存在」的結論。

而他們之間的界線，可分為以下兩點：

①是否瞭解「法律學其實就是解釋法律條文」

②是否知道「法律條文是有體系的」

法律學的讀書重點真的只有這兩點，換個方式來說，只要徹底瞭解這兩點，在法律

實踐一天五分鐘的「黃金複習時間」

妨害記憶的「前門虎」和「後門狼」

①「法律學其實就是解釋法律條文」

②「法律條文是有體系的」

學習民法時

①「法律學其實就是解釋法律條文」

法典
翻閱解說民法法條的書籍（法典）
這個條文到底要如何解釋？

②「法律條文是有體系的」

這是有關「買賣」的問題！
首先
查有關買賣「契約」的部分
還不能完全解決
試著回到「總則」進一步探討

這科目上就一定能有長足進步。

「法律學其實就是解釋法律條文」，想像你正在讀「民法」，一般來說都會挑選評價不錯的民法參考書，或是自己偏好的書，有時還會去補習班上這類課程。

但去讀解說民法條文書籍（稱為法典）的人出奇的少，照理來說，應該先熟讀條文，再思考這樣的條文怎麼解釋，以及適用怎樣的問題，然而很多人卻本末倒置，不採用這樣的方式。

我都會帶一本口袋書大小的民法法典來讀，所以讓自己對於法律的學習比較輕鬆。

對於不得不讀法律又覺得法律學很困難的人，請記住「法律學其實就是解釋法律條文」和「法律條文是有體系的」這兩點，再來學習這個科目。

實踐

理解「法律條文的體系」，就能輕鬆學習

接著要說明「法律條文是有體系的」這一點，民法依項目分為「總則」、「要件」等，憲法則分為「政府機構」和「人權」。

舉例來說，遇到民法上的「買賣」問題，可以先查有關買賣「契約」的部分，還不能完全處理好的話，可以回到「總則」進一步探討。這就是所謂理解條文的體系，只要想著憲法以「個人尊嚴」為最大基本價值，就能推出「政府機構」只是尊重「人權」最大限度的使用工具。

所以就像這樣整體性地學習法律吧！

對於不得不讀法律又覺得法律學很困難的人，請記住「法律學其實就是解釋法律條文」和「法律條文是有體系的」這兩點，再來學習這個科目。

3 快速學習法之基礎技巧 會計學篇

學習會計最好的方法是從「真的財務報表」下手

最近市面上只要和會計學扯上關係的書籍都能大賣，通常打著「會計學入門」名號的書籍中，唯有很少數會真的將財務報表詳列出來，導致最後只學到了銀行的缺點以及成本觀念的重要性……而這樣內容的書又格外引人注目。成本觀念的確很重要，亦是會計的第一步，但懂了這些也只能說是瞭解到會計學的基礎罷了。

會計學這門科目，其實沒有太多瑣碎的東西要記，但如果沒有一定的知識，在看財務報表時就必須一項一項確認，會花費不少精力和時間。所以如果工作上需要應用到會計學，就購買一本方便使用的基礎教材，把基本知識「背」起來。

一開始就死背內容是很辛苦的事，所以還是先將教材看過幾遍，之後在網路上查詢

學習會計要從「真的財務報表」下手

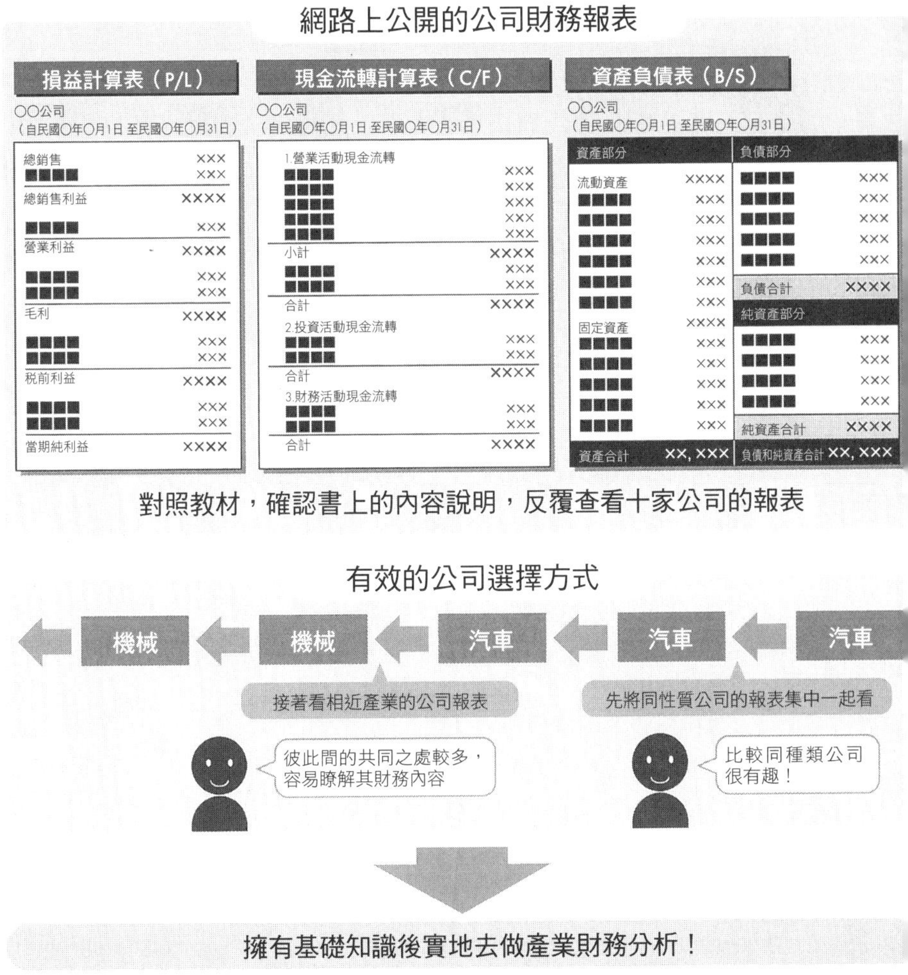

一些可公開的公司財務報表，對照教材，一一確認書上的內容說明，只要照著這個流程反覆查看十家公司的報表，自然就能記起某些事項。

但是特別注意，要先將同性質公司的報表集中一起看，等到對某產業有了一定的認識，再去看其他產業的報表，以這樣的方式進行會比較有效率。因為各產業計算方式所需的要素有出入，以同類產業做比較，會進行得比較輕鬆。

可以的話，試著在看完數家同產業公司的報表後，再去找尋幾家產業相近的公司報表，因為它們彼此間的共同之處較多，能使你對其財務內容更深入地瞭解。

實踐

對股票投資有幫助的財務分析

在會計學這個領域，光是學習這些知識並沒有多大的幫助，擁有些許基礎知識之後，就是要實地做財務分析。網路上就能輕易找到實際報表樣本，所以一天就算只花三十分鐘分析報表也沒關係，持續一個月，就會對分析財務報表這件事越來越上手。

而且財務報表對股票投資來說，是很重要的判斷基礎。憑靠獨特的股票投資法而成為大富豪的華倫．巴菲特，也是因為對投資對象有事前徹底調查，才決定是否投資，達到今日的成功。

投資股票時，事先對該公司的財務做分析，能使投資成功率提高不少。

4 快速學習法之基礎技巧 經濟學篇

以「解答公職考試程度的經濟學問題」為目標

我是在四十四歲時第一次翻開經濟學課本，由於我在學生時代沒有修過這門科目，完全是初學者，所以我開始閱讀有名經濟學者的著作，而且因為內容實在太有趣，我一下子就讀完了，並以為自己已經對經濟學瞭若指掌。但這時候，我卻搞混了經濟學其中的意義。

首先是閱讀課本這件事，其實書上所列出的經濟問題範例以及算式，我都只是看過去沒有完全理解，欠缺在過程中解題的知識。

很慶幸的是，我購買了日本人氣金融諮商家石川秀樹的演講錄音帶，從中學習到「如何實際使用經濟學知識」以及「經濟範例的構成曲線過程是如何形成」等，更瞭解

經營者要瞭解的經濟學概念

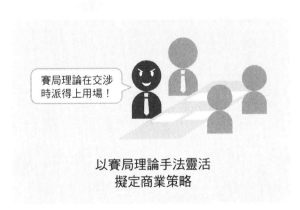

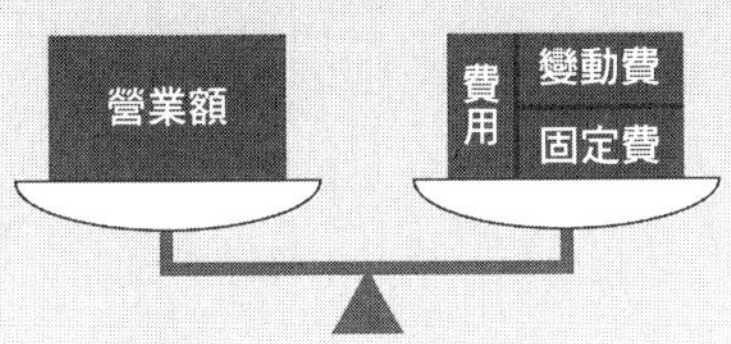

損益平衡點
（零利益的銷售量）

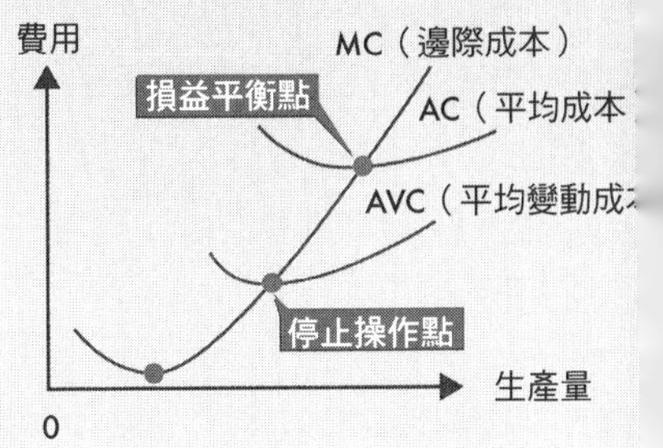

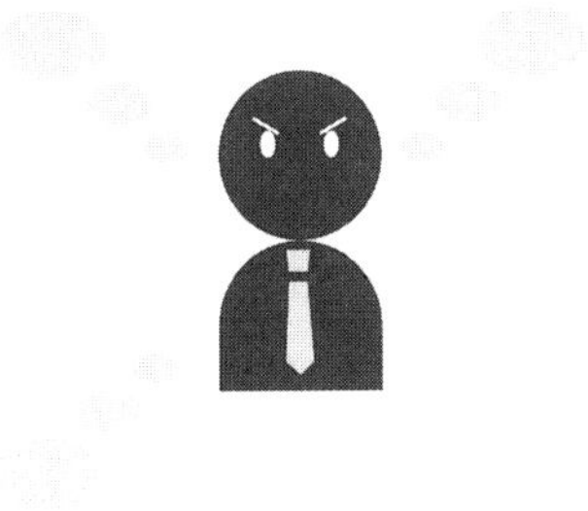

以賽局理論手法靈活
擬定商業策略

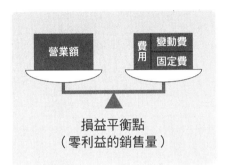

如何實際運用這些知識。石川先生的著作是能應付考試的實用書籍，所以一直以來，靠閱讀經濟學家書籍自學部分的遺漏之處都在此補足了。

當然，只是理解其中內容，還不足以解答所有的經濟問題，就這一點來看和數學這科目還有點相似。因此我決定先參加考試，到考試前拚命的將考古題來回算個好幾次。

對於沒學習過經濟學這門科目的人來說，絕對不能抱有「只要讀完課本就足夠」的錯誤想法，為了真正理解當中奧妙，至少要有能應付公職考試的程度，現在想想，如果解題到某個程度，自然而然能更加瞭解經濟學的理論架構。

實踐

試著閱讀經濟學者著作的原文書

如果你本身是經營者，至少要知道微觀經濟學中的「損益平衡點」以及「停止操作點」這些概念，還有自賽局理論衍生出的初步策略，這些都可以算是經濟學的常識範圍。

看得懂英文的人不妨去讀約瑟夫・斯蒂格利茨[1]和尼可拉斯・格裏高利・曼昆[2]的原文書，這麼一來更是一石二鳥，且書中所使用的英文都不是什麼太過困難的單字，又因為他們的著作都會重新再版，等翻譯本出來通常還要一段時間，所以讀最新版原文書才能第一時間從中得到最新知識和資訊。

1 約瑟夫・斯蒂格利茨：美國經濟學家，哥倫比亞大學教職員。他在二〇〇一年獲得諾貝爾經濟學獎，曾擔任世界銀行資深副總裁與首席經濟講師，並提出經濟全球化的觀點，他還曾經在國際貨幣基金組織任職。

2 尼可拉斯・格裏高利・曼昆：美國著名經濟學家，哈佛大學的經濟學教授。二十九歲成為哈佛歷史上最年輕的終身教授之一，就讀於麻省理工大學、普林斯頓大學，他在普林斯頓大學開始自己的經濟學學習，還是美國經濟研究局的研究員、布魯金斯經濟活動討論小組的成員、波士頓聯邦儲備銀行和國會預算辦公室的主任，以及美國總統經濟顧問委員會主席。曼昆教授是一個著作頗豐的學者，他的研究範圍涉及經濟學的許多領域，其中包括價格調整、消費者行為、金融市場、貨幣與財政政策及經濟增長。

為了瞭解經濟學的整體架構，至少要有能應付公務員考試的解題程度。

5 快速學習法之基礎技巧 國文篇

現代文的破解法

國文這個科目一般分為「現代文」和「古文」兩大部分，接下來就以中學入學考試標準，介紹國文的讀書方式。經常有「不懂現代文的讀書方法」、「讀國文是浪費時間」或是「就算讀再多書還是不夠」等說法流傳，但這個觀念是錯誤的，現代文確實有它的破解法存在，以下就現代文的讀書法作一些重點式說明。

現代文考試不是在測試考生的讀書量及敏銳程度，而是「能否確實掌握到問題的重點所在」。這項考試就像「尋寶遊戲」一樣，以從前時常流傳的「答案就在問題中」這個原則，即足以說明。

現代文大略分為「論說文」和「抒情文」，中學入學考試出題比例較高的是「抒

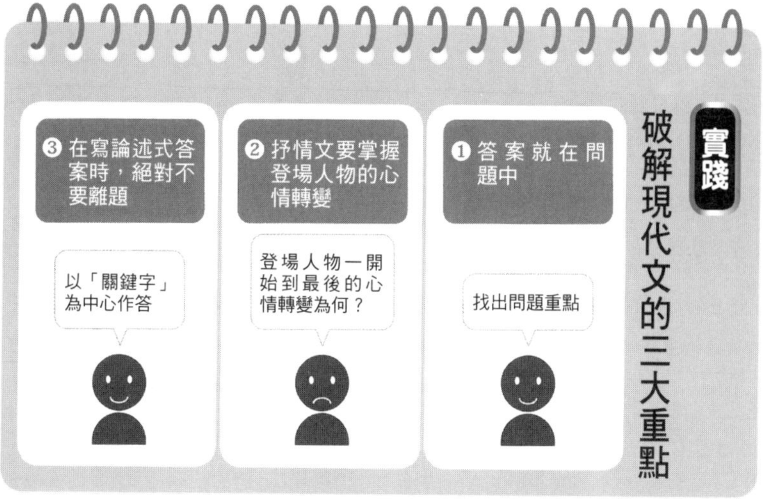
實踐
破解現代文的三大重點
❶答案就在問題中
找出問題重點
❷抒情文要掌握登場人物的心情轉變
登場人物一開始到最後的心情轉變為何？
❸在寫論述式答案時，絕對不要離題
以「關鍵字」為中心作答

情文」，而大學入學考試則是「論說文」的出現比例較高。「抒情文」要掌握到登場人物的「心情」，以及文章的開頭與結尾是如何轉變，其中的「轉折點」又是什麼，只要能瞭解這些，對作答就十分充足了；而看到「論說文」時，首先要努力找出文章的「結論」和「原因」。

問答題的作答，最重要的是「絕對不要離題」，注意作答時儘量不要邏輯不通，只要找出題文中的「關鍵字」，以此為中心作答，就能寫出不錯的答案。

誠如上述，現代文有它的破解法存在，只要多做考古題，學好這樣技巧，是可以期待在這個科目穩當得到高分的。

6 快速學習法之基礎技巧 數學篇

反覆練習基礎問題，找出「解題模式」

學習數學時最重要的就是徹底搞清楚基礎問題的解法，反覆多次地不斷做基礎問題，就能記住「解題模式」。然後將各種存在大腦內的「解題模式」相互組合，就能解決應用問題。在解應用問題時如果遇到困難，會有兩種情形產生。第一種是懂得基礎解法，卻不知道該如何組合解題模式的情況；這個時候的組合解題模式大多是固定解法，所以只要多練習就能解決這個問題。另一種情形是，一開始就弄錯基礎問題解法，這樣就必須從頭再次學習和記憶。

這和高中數學經常使用的「階段圖式」參考書不同，中學考試的參考書上能夠多次練習的基礎題型很少，所以不能養成進入下一個階段前，記住「解題模式」的讀書方

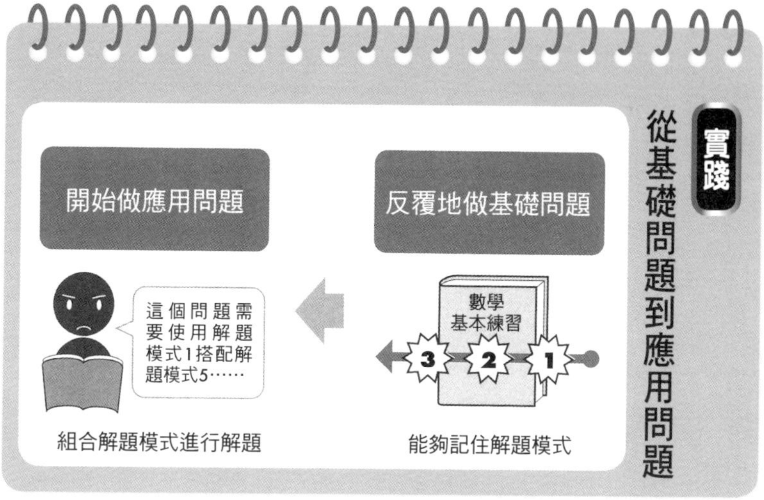
實踐
從基礎問題到應用問題
反覆地做基礎問題
數學
基本練習
3
2
1
能夠記住解題模式
開始做應用問題
這個問題需要使用解題模式1搭配解題模式5……
組合解題模式進行解題

式。因此，各大補習班才會在設計基礎演練習題這方面下工夫。

補習班會依照讀書先後順序教導孩子，第一優先就是基礎訓練的練習題。但是這樣的做法會讓父母產生「一定還要教孩子難一點的題型」的不安想法，所以希望孩子去學習難度高的習題。但是一味讓孩子做困難問題並不是個好方式，重要的是要讓孩子反覆練習難易程度適中的習題。

中學考試時期是「邏輯能力」還很發達的階段，所以就算一開始對數學不太拿手，也不必有自己數學不好的想法，因為邏輯能力會隨著精神年齡增長而越加發達，有很多孩子是在考試前數學能力才大幅進步的。

7 快速學習法之基礎技巧 理科篇

短期內學會理科的讀書方法

中學考試的理科部分，可分為需要「背誦的領域」，以及「物理、實驗的領域」。像是生物等科目，需要背誦的部分就跟社會科目一樣記憶。另外，有許多孩子都不擅長物理，但是這個物理部分剛好是得分來源。「物理、實驗的領域」這部分難題都已經是固定題目，在此程度之上的問題，就必須加上高中數學程度才能解題。如果把難度定為1至10階段，最高程度（第10階段）的難度是固定的，所以只要花一、二天時間，將各個階段的問題集中練習就可以了。密集地練習1至10階段的問題，就能夠一口氣稱霸到第10階段，這麼一來在物理這部分將製造出和他人程度上的差別。

但是不擅長此科目的學生，就無法密集地做題目。他們學習第1至3階段的題目

實踐 物理部分要一口氣學習到最難階段

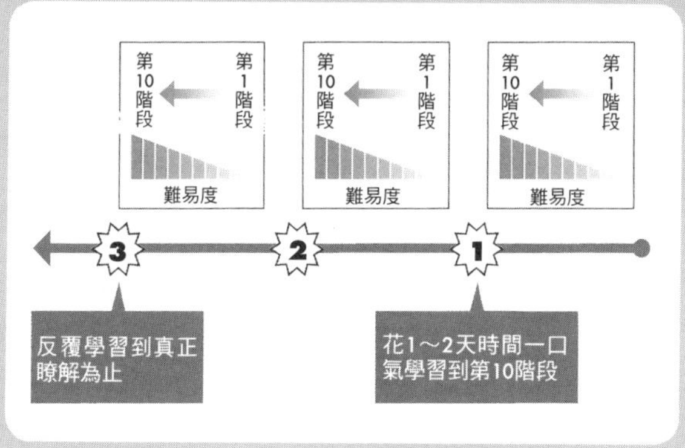

後，忘記內容就會再一次練習第1至3階段的題目。這麼一來，永遠不可能到達第10階段。容易在「物理、實驗的領域」上遇到困難的學生大多是因為本身的「不擅長意識」作祟，這就和每天練習數學基礎問題的感覺一樣，只練習基礎問題，絕對不可能達到第10階段。這樣一來，自然不會解有難度的習題，接著就對理科產生厭惡。有很多學生光是看到理科習題，就會緊張地狂冒雞皮疙瘩。一口氣進行到第10階段的學習，在做題目的同時就會產生「好像在哪看過這個題目」、「和前一題是否有差異」的想法，如果達到這種程度，就可說是達到這個科目的高水準了。

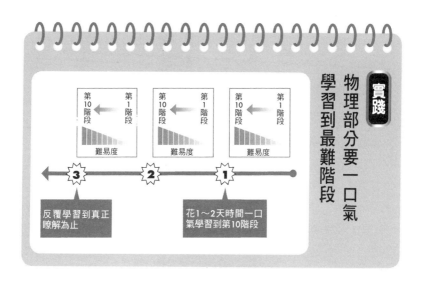

8 快速學習法之基礎技巧 社會篇

掌握「整體」內容後再找出彼此的「細部」關連

大學入學考試的社會科目細分為「本國史」、「世界史」和「地理」，雖然中學考試並不包括「世界史」，但是就社會這科目來說，必須記住所有的內容。所以最理想的社會科目讀書法就是將所有內容統整起來，再進行複合記憶的方式。

以日本的中學社會科考試來說，提到日本的「下關」，就會出現「河豚」、「下關條約」、「李鴻章」、「長州藩」、「薩長同盟」、「伊藤博文」、「內閣總理大臣」等，有關地理、歷史的事件，和「公民」的領域也有所關連。

而補習班的課程也大多是以這種方式進行，先從地理下手，接著是歷史，最後才是公民。但是重點在於掌握到「這在整體內容裡是扮演什麼樣的角色」，不管是地理或歷

史，首先要看「整體」地圖，再一個個地找出細部關連，思考整體內容中哪個部分和哪個部分有關，這種進行方式非常有效率，還能讓學生對這個科目維持一定的興趣。

首先將內容看過一遍，第二次再進行壓縮記憶，然後第三次回頭反覆看過內容。其實做每件事都是同樣道理，因為半年前做過的事，現在應該也記不大清楚了。「三循環讀書法」的效果，就是多次反覆閱讀內容，加深記憶。慢慢把所有內容塞入大腦，需要記憶的部分就會越來越少，剛開始能以三個月為期間，接著以一個月時間複習，最後再以一星期快速看過內容。這個方式也能以計畫表輔助，也就是「基礎計畫表」的方式。

9 選購最佳學習輔助道具 準則篇

「必備的學習道具」和「非必備的學習道具」

首先要記住輔助學習道具分為二種，「必備的學習道具」以及「非必備的學習用品道具」。

簡單來說，前者屬於「專為學習而存在的產品」，後者則是「不光是為了學習而存在的產品」。

以下就此二種類產品作具體說明。

①必備的學習道具

最典型的例子就是筆記本以及文具用品，因為不管是哪種考試都需要使用筆記本以及文具用品。

二種輔助學習道具

必備的學習道具

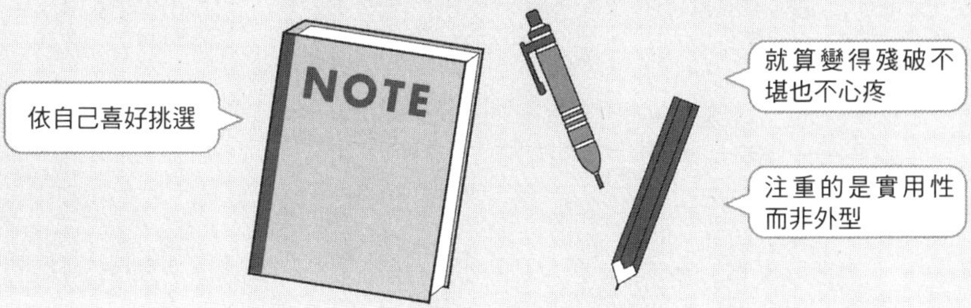
依自己喜好挑選
NOTE
就算變得殘破不堪也不心疼
注重的是實用性而非外型

～筆記本、文具用品等～

非必備的學習道具

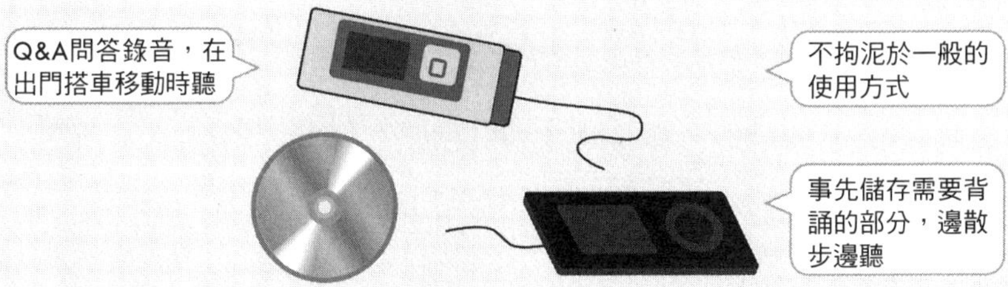
Q&A問答錄音，在出門搭車移動時聽
不拘泥於一般的使用方式
事先儲存需要背誦的部分，邊散步邊聽

～錄音播放器、攜帶式播放器等～

那麼要如何在為數眾多的產品中選擇呢？我的選擇方針是「必要的學習道具注重的是實用性而非外型」，具體來說就是「寫得順手」以及「就算變得殘破不堪也不心疼」為選擇重點。

②非必備的學習道具

我之所以會稱這些物品是「非必備的學習道具」，因為它們並不是專門為了學習而使用的輔助道具，像是錄音機、攜帶式播放器、葡萄糖和冥想CD……這一類的產品。

建議各位不要拘泥其用處，多多在學習這方面好好利用這些物品。

例如事先將要背誦的部分錄到攜帶式播放器，邊散步邊聽，對大腦的記憶很有效果。另外，將Q&A問答錄音，在出門搭車時聽也非常有效果，眼睛感到疲勞或精神不濟時，以倍數播放來刺激大腦運作，反而能更快速地記憶。

建議 學習輔助道具只是幫助讀書，不要太過執著

要時常注意這類文具用品的第一手發行情報。

我本身會定期購買雜誌，很快地看過需要注意的地方，接下來會在網路搜尋，再一次地確認細節，不要因為衝動而購物，如果決定要購買的商品，稍微等個幾天，等到確定需要買時才行動。

但要特別注意，不要花太多時間準備這些道具，以及不要太執著於細節，絕對不能產生「只要準備好這些就算念好書」的錯覺，這樣就是所謂的「本末倒置」。

購買介紹學習道具的雜誌，時常查看新推出的產品，但是不要本末倒置花太多時間在準備上。

10 選購最佳學習輔助道具 提包、螢光筆篇

提包的選購順序

提包在選擇上儘量以「輕巧堅固的材質與容量大」為優先，我以前都為了外型佳而使用皮革公事包，但拿起來很重，就機能面來說也不怎麼高（雖然對律師來說還滿能襯托出律師氣息）。

選購提包的重要性從高到低分別為：①提包本身的重量、②堅固耐用性、③能收納必要學習道具的足夠空間、④內部的分類空間是否好使用、⑤外型設計。

因此，我以前都使用質地輕薄堅固，且內部容易收納整理的雅男士（ARAMIS）促銷包，但是有一次我看到某家百貨自製的提包時，馬上被它所吸引就直接掏錢購買。

這個提包是完整反映使用者心聲而研發的產品，不僅有許多內袋，輕鬆就能開合，

最棒的是有放置保特瓶的地方，在炎熱的夏天裡，我會將保特瓶冷飲放入提包，對我來說這個功能真的是如獲至寶。

使用到處都買得到的螢光筆

螢光筆是在文具店就可輕易購買到的物品，而我使用的就是「日本斑馬牌7色雙頭螢光筆」。

之所以強調它的「便利取得性」，是因為這一類東西在學習過程中屬於消耗品，「用完了隨時都可以購買」這在學習過程中是很重要的一點。

不同公司生產的螢光筆顏色多少有些差異，因此在參考書上進行「二階段標示法」時，若使用不同公司的產品，不但會改變原有螢光筆的顏色，之後再翻開參考書，也會產生不諧調感，最糟的狀況是搞混顏色所代表的意義，這麼一來，花心思做「顏色分類」就失去其存在的重要性了。

而顯眼的顏色也更能吸引學習者的注意。

11 選購最佳學習輔助道具

筆記本、資料夾篇

筆記本只是備忘錄，重視「方便使用性」

基本上我都只把筆記本當作備忘錄使用，因為所有重要事項的原則都已經寫在基礎書上了。

現在我所使用的是RHODIA的A5大小活頁紙，質地輕巧，也可輕鬆撕下我喜歡的部分。

從「將內容隨手寫在筆記上」到「將筆記重點轉寫到參考書上」的龐大作業過程，首先要在課堂上作筆記，複習時再將筆記內容的重要部分寫在參考書上。筆記只是轉記重點到參考書上的中間橋樑，因此筆記本的挑選最好以「使用方便」為第一優先。

如果碰到要將筆記直接貼在書上的情況，我通常使用同公司出產的小記事本大小的筆記紙。

常看到有人使用大張的便利貼，但是便利貼其實容易脫落遺失或轉黏到其他地方，所以並不建議各位使用。應該將便利貼當作一時的提醒，或是提醒自己注意某頁的工具來使用。

準備資料夾收納所有資料

準備幾個三十孔的A4資料夾是非常有用的，因為不論準備怎樣的考試，「資料收納整理」都是很惱人的，相信大部分讀者也常常煩惱資料要放在哪裡過後就隨手放在桌上，但要使用時又找不到，浪費許多不必要的時間……。

準備好資料夾後，我參考了野口悠紀雄教授（早稻田大學研究所教授）寫的《超級整理法》，把教材和資料依照時間前後整理，放進A4大小的資料夾。使用時只要拿出資料夾，而且是以時間為編排順序，很容易就能搜尋到需要的資料。

若是購買二孔資料夾，要特別注意，收納張數太多，很有可能脫落（我有過這樣的失敗經驗）。

12 選購最佳學習輔助道具

文具用品篇

考試選用的文具用品以「快速好書寫」為重點

之前曾提過選購螢光筆是以「容易購買」為優先，但是書寫文具就要非常講究了，特別是應試和模擬考時使用的文具更是要慎選。若是以答案卡作答的考試，就要選用塗改順暢的2B鉛筆，保持答案卡的整體乾淨，若是畫卡錯誤也能迅速更改，節省過長的塗改次數換來更充裕的作答時間。

而絕大多數需要論述作答的考試，更是以「是否能在時間內儘快作答完畢」為上榜與否的關鍵。我在司法考試中分數佔有一定比例的申論題作答上，也特別注意這一點，所謂的申論題考試是指一個科目要在兩小時內完成二份八頁的作答，而且有很多時候是一天應考三科，所以要在一天內答完六份八頁試題紙的申論題。

如何在不疲憊的狀況下字體整齊地完成作答，就足以左右考試成功與否。因此我一直在尋找可以儘快讓我作答完成的文具用品。

手寫考試的解答是以「文字」來決定合格與否

不斷購買文具在模擬考時使用，有新產品推出我也會買來試試，在這樣反覆多次的經驗後，我終於找到適合自己的原子筆，平常也會準備三十支備用，外出時則攜帶五支左右。我之所以能在司法考試的申論題上得到好成績，或許有一部分該歸功於我平常精心挑選的原子筆。

順帶一提，我參加大學入學考試時，為了讓閱卷者能好好看清楚我的作答內容，攜帶了約一打削好的深黑色鉛筆應考，為的就是要把字寫好、寫整齊。我體認到了作答測驗就是以答案內容來決定成績合格與否，作答者的個性、背景或是和考試沒有關連的知識等因素，完全不會對考試結果造成任何影響，所以才會對考試時使用的文具這麼神經質地講究。

13 選購最佳學習輔助道具 錄音播放器篇

以「錄音」功能為第一優先，再以自己喜好選購

現在不僅有卡帶式錄音機，CD或數位錄音機也很盛行，所以只要選擇有錄音功能的工具，其他功能就依自己需要來選購。錄音機的主要功能是用來錄下需要記憶的重點，或是請友人幫忙錄下Q&A問答，在之後的空閒時間播放使用。

近年來，有許多已經錄製好學習內容的CD在販賣，也有不少內容是專為親子或讀書同伴使用的Q&A問答。因此，若不將自己原創內容完整錄製下來，是非常可惜的，裡頭難免會錄下親子或友人間的對談及應對反應，在彼此的笑聲中亦能悄悄將內容儲存到大腦裡。

另外，小女在中學入學考試時，使用了新力（Sony）生產、可以倍數播放的錄音

機，在學習上得到不錯的效果。

具體作法是由我事先將女兒教材中的重點錄音下來，也將我和女兒的Q&A問答以卡帶錄音，在接送她到補習班的途中反覆播放，兩人邊笑邊聽，我也在她因為讀書疲累休息時，以倍速播放錄音內容，讓她在休息時也能促進大腦活動。

我在念經濟學時，也購買了含課程內容的錄音帶，先以普通速率聽過一遍，第二次以倍速播放，這麼做不但可以節省時間還能活化大腦。

氧氣對大腦來說是平價又有效果的營養補品？

最近在日本，知名便利商店可購買到「氧氣罐」，我注意到氧氣的重要性，是在我第一次司法考試的申論題考試時，因為氧氣是大腦的「營養來源」，我想藉用氧氣讓我在申論題考試時能過關斬將，所以在應考時攜帶氧氣罐到考場。我記得這項產品在當時沒受到多大注目，很幸運的當時售價並不高。

小女在準備中學考試時，使用松下電器出產的「氧氣轉換器」，讀書疲憊時就吸幾口氧氣，稍微閉眼休息，等到因在學校念書時所致的疲勞恢復之後，再繼續念書。

14 選購最佳學習輔助道具

攜帶式播放器篇

將有聲教材都儲存到攜帶式播放器上

只有待在房間裡才「邊聽邊學」無法發揮最大效果，要利用「攜帶式播放器」，在外行動時也確實地「邊聽邊學」。

iPod等攜帶式播放器，已經不單單是用來聆聽音樂的工具，甚至可以說是「學習必備用具」。不光是語言的學習，近年來在其他領域也有不少附贈有聲CD的書籍。

將CD內容複製到攜帶式播放器，養成上班上學通勤時的「聽學習慣」，相信會得到不錯的效果，因為在移動的途中，視覺上看到的風景與聽覺上聽到的學習內容，會自然而然在腦中做出連結，對大腦的記憶非常有效率。

親身體認有聲教材的「巨大」效果

以上所述絕不是僅以我自身經驗為根據作出的結論，我是摘錄大腦研究學者——板倉徹教授（和歌山縣立醫科大學腦神經外科）所提出的：「比起只以聽覺對大腦輸入資訊，伴隨視覺與聽覺同時行動更能活化大腦，也更加有效率。」

實際上在我準備司法考試，需要出門移動的時候，都會利用卡帶式隨身聽來聽上課內容，有時還為了想要邊走邊聽，特地出門散步。

最後也得到卓越的效果，而事實上司法考試科目的教學老師我有一半都不認得（也就是說，我有很多科目是只聽教材而沒去上課……）。

15 選購最佳學習輔助道具

糖分、速讀軟體篇

攝取葡萄糖能活化大腦

葡萄糖也是能活化大腦的營養來源，經常攝取更能提升學習效果。

每個人的偏好都有不同，我時常攜帶長條顆粒狀的葡萄糖棒，也在桌上的罐子裡放幾顆巧克力備用。

糖分不只是大腦的營養源，還能使大腦分泌「血清素」，對於不安及焦慮的抑制極具效果。

值得一試的速讀軟體

如果有許多必須讀完的書，閱讀速度就顯得很重要，所謂的快速閱讀並不是不經思考直接把內容讀完，是要「瞭解並記起內容，以某種程度的速度閱讀」，而能幫助我們訓練這個能力的工具就是速讀軟體。

從以前到現在，我使用過許多速讀軟體，就使用後的感想來說，我認為有必要去嘗試看看。

所有的速讀軟體內容都大同小異，一開始都有基礎的眼球訓練，可以有效率地加快眼球的轉動速度，而我的速讀能力，也多多少少是因為有了速讀軟體的訓練加持所致。

小女在準備中學考試時，我也讓她在每天早上讀書前，接受速讀軟體的基礎訓練，而她之所以能在每次模擬考，國文都保持穩定的分數，我想也是因為這樣訓練所帶來的幫助。

雖然速讀和念書成果並沒有詳細的證據能證明其中的因果關係，但就我和女兒使用過後的感想而言，速讀軟體還是具有一定的效果，最近市面上也有許多便宜的軟體推出，推薦大家能去購買嘗試。

16 選購最佳學習輔助道具 冥想CD、照明篇

使用冥想CD安定精神，讀書效果將倍增

我使用過許多的冥想CD，所謂的冥想CD是指播放時隨著裡頭的旁白、音樂放鬆身體肌肉，促使心情平靜，不做任何思考，幫助大腦完全放空的道具，市面上有販賣各式各樣這一類的CD，對我而言大部分都有一定的效果。

覺得非常疲累的時候，以放鬆的姿勢聆聽冥想CD，可以消除疲勞；稍微感到疲倦時，也可以閉上眼睛聽個十多分鐘，達到轉換心情的效果。另外，若對人際關係焦躁不安、心情低落時，聽一聽這樣的CD，對穩定情緒也相當有幫助。

只要將冥想CD內容存入攜帶式播放器，戴上耳機聆聽，很容易就能達到轉換心情、消除疲勞，以及穩定精神狀態的作用。

利用光線提高「清醒效果」，從夜貓子轉換成早晨型生活

我有購買一種如同太陽光照射，而且能趕走瞌睡蟲，並且提高專注力的菲力浦能源燈，我自己也試驗過此產品對於專注力是否有幫助。

我在起床後的二十分鐘內，近距離接受能源燈照射，得到的結論是，使用這個產品確實能讓自己儘快清醒過來。

不只F1賽車隊，也有許多人利用這種能源燈調整時差，在「改變夜型人為晨型人」以及「冬天起床時使用」，更能顯現效果。但是這種能源燈是針對日本人推出的產品，最近市場上還有另一種附定時器的能源燈產品販賣。

column 如果你有一百萬會怎麼使用？PART③

沒有「知識和智慧」無法過滿足人生

學到的「知識和智慧」是絕對不會被他人奪走的東西，這是非常重要的一點，所以絕對不能忘記這段話所代表的意義。

時代脈動轉換快速的今日，在未來的十年或是五年，會有怎樣的變化我們不得而知，只要想到每年持續發生的各種天災，「日本沉沒」這樣的天地變異就未必只是假想觀點了。

如果真的發生國家體制崩解的情況，只要擁有「知識和智慧」，在其他地方或國家繼續生存的可能性就會相對提高，就算不到日本沉沒那麼嚴重的地步，只要社會持續朝無國界社會邁進，之後因為經商或是求學，到外國大學或海外公司工作的機會就會越來越多。

這麼一來，「國內通用」的觀念就會被摧毀，到那時候如果沒有足夠的「知識和智慧」，就無法走向「滿足人生」這條道路。

讀書是「低風險，高回報」的自我投資

本書是從眾多自我投資方式中，以讀書為目標，輔以個人經驗寫出具效果的技巧及運用方式。

「自我投資」是個廣泛的概念，不只有讀書，像是體育、藝術，或是社交都可以運用這個觀念。

但是要在體育或是藝術方面成為一流人物，比取得東大法學部三冠王（學部成績第一、司法考試第一、公務員考試第一）這個頭銜還要難。

我曾經跟參加司法考試的考生們說過以下這段話：

「你們應該認為通過司法考試很難吧？但比起要在奧運奪金，很明顯地簡單許多，因為一年合格人數有五百人（當時錄取人數）」。

也就是說，讀書這件事，是以最低風險但有極高可能性走向「滿足人生」的自我投資方式，要在奧運奪金就是高風險，所以讀書是低風險但回報率很高的一種活動，人人都可以接受這個挑戰，而且大多數都是只要努力就會得到應有的成果，而那樣的成果對於往後的人生也非常有用處。

當然，敢挑戰藝術和體育那種高難度活動的人，只要肯在那方面下苦心，我覺得沒什麼不好，因為我對於那種人抱有相當程度的尊敬之意。

但我要和那些只想過「平淡人生」的人做些信心喊話，「讀書不僅能讓你感到很有樂趣，而且對於滿足過生活非常有幫助」，你要不要也來嘗試看看？

國家圖書館出版品預行編目資料

圖解 讀書，不要用蠻力/莊司雅彥 著；林文娟 譯.
-初版.一臺北市：商周,城邦文化出版：家庭傳媒城邦分公司發行, 2010.02
面； 公分.- （最佳實務 41）
譯自：図解　最短で結果が出る超勉強法
ISBN 978-986-6285-16-5（平裝）
1.學習方法 2.動機 3.讀書法
521.14 98025443

最佳實務 41

(圖解) 讀書，不要用蠻力

原書名　図解　最短で結果が出る超勉強法
原出版社　講談社
原著者　莊司雅彥
譯者　林文娟
企劃選書　王筱玲
責任編輯　李韻柔
校對　賴譽夫
版權　翁靜如
行銷業務　周佑潔、何學文
副總編輯　陳美靜
總經理　彭之琬

發行人　何飛鵬
法律顧問　台英國際商務法律事務所
出版　商周出版
臺北市中山區民生東路二段141號9樓
電話：(02) 2500-7008　傳真：(02) 2500-7759
E-mail：bwp.service@cite.com.tw
發行　英屬蓋曼群島商家庭傳媒股份有限公司　城邦分公司
台北市104民生東路二段141號2樓
電話：(02)2500-0888　傳真：(02)2500-1938
讀者服務專線：0800-020-299　24小時傳真服務：02-2517-0999
讀者服務信箱：service@readingclub.com.tw
劃撥帳號：19833503
戶名：英屬蓋曼群島商家庭傳媒股份有限公司城邦分公司
訂購服務　書虫股份有限公司客服專線：(02)2500-7718；2500-7719
服務時間：週一至週五上午09:30-12:00；下午13:30-17:00
24小時傳真專線：(02)2500-1990；2500-1991
劃撥帳號：19863813　戶名：書虫股份有限公司
香港發行所　城邦（香港）出版集團有限公司
香港灣仔駱克道193號東超商業中心1樓
電話：(852) 2508-6231　傳真：(852) 2578-9337
E-mail：hkcite@biznetvigator.com
馬新發行所　城邦（馬新）出版集團
【Cite (M) Sdn.Bhd. (458372U)】
11, Jalan 30D/146, Desa Tasik, Sungai Besi,
57000 Kuala Lumpur, Malaysia
電話：(603) 9056-3833　傳真：(603) 9056-2833
封面設計　深藍工作室
印刷　鴻霖印刷傳媒股份有限公司
總經銷　聯合發行股份有限公司　電話：(02) 29178022　傳真：(02) 29516275

ISBN 978-986-6285-16-5（平裝）
2010年2月初版
2014年11月6日初版8.5刷
版權所有•翻印必究 (Printed in Taiwan)
定價／230元

『ZUKAI SAITAN DE KEKKA GA DERU CHOU BENKYOU-HOU』
© Masahiko Shoji 2008
Original Japanese edition published by KODANSHA LTD.
Complex Chinese publishing rights arranged with KODANSHA LTD.
Complex Chinese translation copyright © 2010 by Business Weekly Publications, a division of Cité Publishing Ltd.
All Rights Reserved.
本書由日本講談社授權城邦文化事業股份有限公司－商周出版事業部出版繁體字中文版，版權所有，未經兩社書面同意，不得以任何方式作全面或局部翻印、仿製或轉載。

城邦讀書花園
www.cite.com.tw